本书受北京世界城市循环经济体系（产业）协同创新中心项目、北京知识管理研究基地项目资助

资源循环型生产过程的物质流建模与仿真

张　健　著

中国财经出版传媒集团

经济科学出版社

Economic Science Press

图书在版编目（CIP）数据

资源循环型生产过程的物质流建模与仿真/张健著．
—北京：经济科学出版社，2016.12
ISBN 978－7－5141－7685－8

Ⅰ.①资…　Ⅱ.①张…　Ⅲ.①生产过程－企业

管理－研究　Ⅳ.①F273

中国版本图书馆 CIP 数据核字（2016）第 317451 号

责任编辑：王东岗
责任校对：隗立娜
版式设计：齐　杰
责任印制：邱　天

资源循环型生产过程的物质流建模与仿真
张　健　著
经济科学出版社出版、发行　新华书店经销
社址：北京市海淀区阜成路甲 28 号　邮编：100142
总编部电话：010－88191217　发行部电话：010－88191522
网址：www. esp. com. cn
电子邮件：esp@ esp. com. cn
天猫网店：经济科学出版社旗舰店
网址：http：//jjkxcbs. tmall. com
北京季蜂印刷有限公司印装
710×1000　16 开　10.25 印张　200000 字
2016 年 12 月第 1 版　2016 年 12 月第 1 次印刷
ISBN 978－7－5141－7685－8　定价：39.00 元
（图书出现印装问题，本社负责调换。电话：010－88191510）
（版权所有　侵权必究　举报电话：010－88191586
电子邮箱：dbts@esp. com. cn）

前　言

　　通过合理规划循环经济园区企业内部物质流，实现资源减量化投入、废弃物的减量化排出是发展循环经济的一个重要途径。资源减量化理念是在全球人口剧增、资源短缺、环境污染的严峻形势下提出的，为解决人类社会发展中出现的人与自然的尖锐矛盾找到了一条可行的途径。在企业生产过程中实现资源减量化投入，不仅可以解决资源紧张的问题，而且可以有效控制废弃物的排放，通过合理规划物质流系统过程实现减量化，已经成为当今循环经济研究的重点。

　　为提高经济效益和环境效益，对资源循环型生产过程进行合理的过程改造是必要的。但是在没有充分论证可行性之前的改造具有风险性，所以将实际生产过程进行模型化处理，并通过仿真软件进行仿真模拟是十分必要的，可以最大化的规避损失，提高优化效率。

　　从资源流动的组织层面来看，循环经济可以从企业、生产基地等经济实体内部的小循环，产业集中区域内企业之间、产业之间的中循环，包括生产、生活领域的整个社会的大循环三个层面来展开。本书主要以循环经济型企业的物质流分析为基础，来构建循环经济微观建设体系。

本书面向资源循环型生产过程，通过物质流分析和 Petri 网仿真技术，实现对物质流系统的建模与仿真优化。基于资源循环型生产过程的特点和资源环境现状的需求，对生产过程的物质流进行了动态和静态相结合的物质流分析，静态物质流分析构建了物质流指标评价体系，动态物质流分析则是引入反馈理论，并结合 Simulink 进行了建模分析；同时本书引入了 Petri 网建模与仿真工具，根据实际需求，提出了物质流混杂 Petri 网模型和时间 Petri 网模型，为物质流系统资源减量化建模与仿真提供了技术支撑。

全书共分为八个章节。第 1 章为绪论部分，介绍本书的研究背景及研究意义；第 2 章为静态物质流分析与建模，以镁盐深加工系统为例进行了建模分析；第 3 章为动态物资流分析，引入反馈理论进行建模分析，并以硼酸生产过程为例论证了模型的可实施性；第 4 章为混杂 Petri 网建模章节，对物质流进行了形式化定义与仿真；第 5 章为物质流时间 Petri 网的建模与仿真优化理论，针对循环物质流减量化理论进行建模优化；第 6 和第 7 章是资源循环仿真系统的设计与应用；第 8 章为本书的结论章节。

本书主要由北京信息科技大学经济管理学院张健教授著写完成，同时也感谢项目组齐林、勾丽明、陈瀛、陈海涛、陈静静、邹雅迪等成员所做的大量工作。

在本书的写作过程中参考了国内外同行的文献著作，在此向这些作者们表示衷心的谢意。由于作者水平有限，书中难免会有不足、差错或谬误之处，恳请读者给予批评指正。

张　健

2016 年 10 月

目 录

第 1 章

绪　论

1.1　研究背景及意义

近年来，我国整体经济发展态势良好，但资源短缺和环境污染仍是经济可持续发展的瓶颈制约。资源不合理开采和利用导致资源短缺甚至枯竭，传统生产模式面临巨大挑战。资源循环型生产过程如何突破传统生产模式的制约，促进生产的健康发展，是当今世界经济可持续的重要研究内容。

传统的经济生产模式是"资源—产品—废弃物"单向物质流动模式。受这种模式的制约，传统生产过程在生产、消费过程中产生的大量废弃物被直接排放到环境中，经济系统通过不断地消耗资源、将资源变成废弃物以实现经济指数型增长，造成了多数自然资源的短缺与枯竭，对环境也造成了难以修复的污染后果。

从现状分析，国内传统的生产过程存在主要以下三个方面的不足。首先，在现阶段的市场经济条件下，我国传统的生产过程严重忽视资源消费方式的重要性，在重视生产能力和经济效益的同时，把重心转向了能迅速创造价值的产品当中。生产过程在不断扩大规模的同时，长期对资源进行大规模的不合理开采及利用，对资源和环境都造成了很大的负担。其次，我国部分生产过程的关键技术落后，使用的工艺水平较低，不可避免地造成资源消耗高、利用率低的情况，虽近年来不断引进新的加工工艺及技术，资源使用方面有所提高，但与发达国家相比，仍有较大差距。最后，环境问题一直是我

1

国社会经济所要面临的一个重大问题，生产过程的废弃物排放环节虽经过工艺处理，但由于生产过程复杂，废弃物处理可能存在不达标的情况，环境污染问题已经成为限制传统生产过程发展的一个潜在威胁。

总结来说，传统的经济生产模式浪费了大量自然资源的同时，对环境安全产生了严重的威胁，使人类面临着巨大的生存环境压力。在这种情况下，循环经济发展理念被提出，而且逐渐成为国内外研究的焦点。因此，传统的生产过程及生产方式亟须寻求改进的方向与方法，从而建立资源循环型生产过程，为企业的可持续发展模式提供支撑与推动。

将传统生产过程向资源循环型生产过程转变是企业是实施循环经济战略的主攻方向，对整个工业循环经济发展的实现具有重要意义。企业是经济系统的最小单元，生产过程是企业的最小单元。要达到大幅提高资源效率，改善生态环境，建立节约型社会的目的，首先要鼓励传统成产过程进行循环式生产，只有对生产过程进行循环化改革，才能先在企业层面达到循环经济的实践效果，之后才能进一步实现循环经济在行业内、区域内乃至国家更大范围的推广。在国家节能减排、低碳环保的政策引导下，传统生产方式都在向节约资源、改善环境型的生产模式改革，以期达到经济与环境效益双赢。

在这种需求下，研究生产过程的物质循环，弄清各生产过程中物质的转换与迁移规律，优化生产过程的各个环节，提出提高物质利用效率和改善环境的措施，为传统生产过程的资源循环化改造的实践活动提供指导与借鉴，成为循环经济理论与实践研究的重点。另外，生产过程的物质循环过程中往往涉及因素众多而复杂，各种因素相互影响、相互制约。因此，生产过程改进要求管理者尽可能去深入了解每个过程单元工序的工作状态，这属于一项庞大的系统工程。想要对其进行全面深入的认识和了解，需要借助一定的计算机信息技术、仿真控制技术等手段，结合不同生产过程的独特特点，从而建立行之有效的物质循环分析模型并进行仿真研究。

物质流分析和管理是循环经济的核心调控手段，物质流分析方法作为研究经济活动中物质资源新陈代谢的一种模型分析方法，是循环经济的重要技术支撑。物质流分析方法能够更直接的体现出资源的内部消耗及走向，增进企业对生产过程的了解以及对原材料使用情况的掌握，从而为决策者在资源和环境方面决策提供参考，制定更符合实际过程的方案，来改进传统的生产方式，提高生产过程的生产效率和经济效益。

对生产过程开展过程优化、提高减量化效率，前期的建模评估与仿真分析是重要前提。生产过程中的物质流系统是物质、能量、信息、价值高度协同和交错的复杂系统，在充分论证可行性之前的过程优化改造具有风险性。因此，将实际生产过程进行模型化处理，并通过仿真软件进行仿真模拟是十分必要的，可摸透过程中待解决问题的性质和影响条件，并检验所给方案的正确性，以最大化的规避损失，提高优化效率，通过优化提高仿真模型与现实生产拟合程度，为传统生产过程的资源循环化改造提出合理化建议。

1.2　资源循环型生产过程物质流建模需求

1.2.1　基于资源循环型生产过程生产特点的建模需求分析

对生产过程进行资源循环型改革，对推动企业循环经济发展有着十分重要的作用。存在资源循环型生产过程的企业一般涉及冶金、炼油、化工（塑料、药品、肥皂、肥料）、造纸和食品等行业，是实现资源循环利用的关键单元。因此，立足于资源循环型生产过程特点，开展与节约资源行动相关的生产过程的层面物质循环利用过程的研究，具有重要的理论和现实意义。

此类行业的传统生产过程除了具有高消耗、高复杂度等基本特点之外，具体还有以下几个特点：

①所需原料来自天然资源。能够进行资源循环化改革的生产过程所需的原料一般是粉末、液体或气体，主要来源是自然环境（如矿山、油田、盐湖、农场等），对资源的消耗是最直接的。

②产品一旦形成，无法还原。过程制造与离散制造不同的是，成品一旦生产出来，则无法还原，也就是说，不能再提取它，回到它的原始成分，而离散型生产，则可以将产品拆卸成元件，还原成原料。所以，对此类生产过程而言，产品没有报废后再利用之说。

③原料、产品等可称重。针对生产过程而言，无论是投入生产的原料，还是最后的产成品，其数量是用重量来衡量的。生产过程伴随的物质转化与迁移状况，都可以通过观察物质重量变化进行定量化分析，这就方便对生产过程进行物质流分析。

④伴随物质流与能源流。生产过程不但需要消耗资源，而且还形成了各种物质流，如产品、中间产品以及废气、废料等污染物的流动，另外，还伴随着能量流动，如热量、蒸汽等的流动与耗散。

⑤具有混杂特性。资源循环型生产过程一般是典型的连续型生产，但是一些生产单元中也存在混杂特性，除了有连续反应的生产过程外，也存在配料、上料、检修等离散操作，此外，还包含大量的离散控制设备（如各种阀门、泵、开关等）。物质和能量的转换与传递受生产过程的直接影响，也具有混杂性特点。

根据归纳的可实现资源循环化改革的生产过程的物质循环过程的特点，将其物质循环仿真需要考虑的主要因素集中到物质流和生产系统两方面，各主要因素可以进一步分解为相应的子因素，例如，物质流包括了原料、辅料、水资源、产品、废弃物等，生产系统包括了各种生产单元等。

在对生产过程的主要特点和物质循环仿真需要考虑因素分析的基础上，确定物质循环仿真问题要研究的对象主要是生产过程的物质流要素。据此，给出资源循环型生产过程的物质循环过程形式化建模的需求分析如下：

①本书要解决的问题是针对传统生产过程对环境产生的负面影响，帮助其找寻实现物质循环高效利用的途径。所以，选择的建模方法要求具有较强的形式化，不仅能够用清晰的图形表达方法使生产过程的物质循环过程可视化，用完备的数学方法对生产过程的物质循环过程进行量化分析，而且要易于实现高效仿真。

②对传统生产系统进行资源循环化改革涉及的因素较多，在整个大系统的框架下，还包括各种子系统和要素，所建立的模型要求能够准确表达出系统的各种组成要素，以及各要素之间的层次关系。

③生产过程的各个子单元之间存在着物质的转换与迁移活动，以此形成不同的物质流类别，而各物质流之间彼此联系、相互制约，要研究整个系统的物质循环情况，不仅需要所建模型能够准确量化生产系统物质流量，而且

需要能清晰表述出各物质流之间的逻辑关系。

目前，研究生产过程物质循环问题的模型方法主要有工业代谢分析模型、投入产出模型、物质流分析模型、生命周期评价模型等，它们运用于物质循环问题的量化分析都具有各自的特点，但是不能很好地满足本书要研究问题的形式化建模需求。

1.2.2　基于资源循环型生产过程环境现状的建模需求分析

自经济危机后，我国企业生产发展迅速，年产量逐年递增。但在发展的同时，不可避免带来严重的资源环境问题，由于生产过程的大量原辅料需求带来无限制的开采浪费，使自然生态系统遭到严重破坏。排除开采阶段，生产过程中也存在资源消耗高，环境污染大的特点，受资源高消耗与经济高增长关系的影响，针对生产过程的资源循环化改革变得愈发重要，存在企业也亟须解决这些问题的思路和方法。

我国存在资源循环型生产过程的企业所需资源分布相对较广，开采难度高，它们不仅以气体、液体、固体形势存在，还以混合状态存在，比较典型的为盐湖矿产资源的固液共存状态。从生产过程的角度来说，我国资源开发存在的问题主要表现在以下方面：

①开发深度低。资源开采过程中的原液的提取不够完全，且提取过程中有损失发生，导致最后得到的资源量不够理想，也间接导致了某些行业资源短缺问题的出现。

②资源循环利用率低。虽然一些生产过程做到了资源循环化处理，但在生产过程中对原材料的使用仍存在不合理情况，造成原材料的浪费，并且在浪费的资源中有一部分是不可回收再利用的。总体上看，资源循环型生产过程资源循环利用率不高，形势严峻。

③产品产能低。产品产能是指某生产过程在某段时间内的产品产出，由于为稳定产出值，故一般可用均值来表示。我国资源循环型成产过程的生产技术相对发达国家较落后，由于技术的限制，在现有生产处理技术条件下，原材料的使用率并不高，损失量很大，因此产品产能相对较低。

④产品结构单一。目前，大部分资源循环型生产过程的生产的产品种类

较少，市场没有明确的需求来推动新技术的引进和新产品的生产，尤其是一些重工业和化工业，不仅对环境污染大，对资源的消耗也比较严重。如化工业中企业对钾肥的生产，由于硫酸盐型盐湖卤水经处理后的产物是光卤石，但因其中其他矿物元素含量的种类和数量关系，导致其只能用来生产氯化钾，不能大量生产其他钾类产品，其他矿物就随废渣流入自然生态系统，不仅对环境造成污染，也对资源造成了一定浪费。

针对我国资源循环型生产过程面临的这些代表性问题，本书将仿真建模应用在资源循环型生产过程中物质的流动状态和加工过程两个部分，从成长过程的资源流动状态角度出发，研究资源循环型生产过程中资源消耗和循环利用情况，为资源循环型生产过程提供有效的改进思路和办法。

资源循环型生产过程涉及的行业较广，包括轻工业、重工业，其中比较典型的如钢铁、石油化工等，都是污染较高、资源浪费情况明显的行业。针对这些行业存在的资源环境高污染、高消耗的现状，结合资源循环型生产过程的一般特点，总结出以下几点资源环境方面的需求：

①本书要对一般资源循环型生产过程的情况进行分析，解决其资源利用效率低，环境污染严重的问题，找出具体问题环节所在，所以要选择的仿真方法必须能够详细地体现出资源循环型生产过程内部资源的利用情况，并且可以从中找出影响资源利用率的因素，对其改进，进而对企业改进生产提供指导和建议。

②资源循环型生产过程比较复杂，有的甚至包括几十种不同工序，但很多工序都比较有代表性，这要求仿真得出的模型要能很好地体现出各工序间关系，并能形象地表达出来。

③工序之间必然存在着物质流动和元素流动，而同一种过程中同一物质或元素可能会出现走向不同的情况，所以要对生产过程中特定物质的流动状态进行仿真，这要求仿真得出的模型要能很好地体现出不同工序间的物质流动状态，更细致地体现出物质在过程的内部走向，更好地对加工过程进行分析，从而找出加工过程中的问题所在。

目前，研究过程建模的方法很多，每种方法都有相应的特点，从而针对不同的情况，根据上述需求分析中提到的不同工序间的物质流动状态和各工序间的量化关系，对应建立不同性质的模型。采用特定物质流分析方法能够很好的解决这个问题，深入分析每个工序的物质流动细节性问题。

1.3　国内外物质流分析研究现状

目前，研究物质循环问题的理论分析方法有许多，典型的主要为工业代谢分析法、物质流分析法、投入产出法和生命周期评价法等，这些方法已经在全球、国家、区域、产业或企业范围内的物质循环问题分析和研究方面取得了良好的成效[1]。物质流分析作为衡量循环经济发展水平的量化工具，已经得到广泛应用。20世纪90年代，德国伍珀塔尔（Wuppertal）研究所的恩斯范恩·魏茨泽克（Ernstvon Weizsaecker）提出了生态包袱的概念[2]。物质流分析方法正是在生态包袱的基础上逐渐形成的，用于对经济、资源与环境三者之间的相互关系进行系统研究[3]。物质流分析方法描述了物质经历人类从自然环境中攫取资源，从事生产和消费等经济活动，到废弃物产生以及回收再利用和资源化过程中的流量和流向[4]。针对研究对象、研究范围不同，物质流分析的研究可以分为基于通量的物质流分析（MFA）和基于单一物质的物质流分析（SFA）；同时，也可以从国家层面、区域层面和企业层面三个方面着手进行研究。下面按照后者的视角对物质流分析的国内外研究进展进行梳理：

国家层面。最初，物质流分析方法主要应用于国家经济系统物质输入输出分析研究。奥地利、日本两个国家首先将物质流分析方法用于研究本国经济系统内自然资源和物质的流动状况，这是物质流分析方法在世界范围逐渐广泛应用起来的始端[5]。随着经济发展带来的环境恶化情况越来越严重，各国研究机构与学者纷纷展开对本国家经济系统的物质流分析研究，其中，一些发达国家，如意大利、法国、芬兰、丹麦、奥地利、日本、瑞典、澳大利亚、英国等进行物质流分析的研究成果都颇为丰富[6]~[13]，这些都是基于通量的物质流研究。另外，还有很多学者从宏观的视角，将物质流分析方法应用于研究某种物质在整个国家内的流动情况。勒本施泰因（Loebenstein）在1994年的时候对美国国家境内砷的流动情况进行了分析，这是最早的元素流分析（SFA）[14]。汉森（Hansen）和拉森（Lassen），在2002年使用物质流分析方法研究了丹麦等欧洲国家的磷（P）、铬（Cr）等元素在国内的代谢情况，并在此基础上提出金属制造和使用等有关方面的政策、建议以及立法依据等[15]。穆克吉（Mukherjee），泽芬霍芬（Zevenhoven）等，2004年以物质流分析为基础对欧盟境内废弃汞从源头、处理以及风险等角度进行了充分的分析，为欧盟可持续废物管理提供了借鉴[16]。多崎友广（Tomohiro Tasaki）等，2004年运用物质流分析方法就日本废弃电视机中溴化物阻燃剂及其他相关化合物的回收利用情况进行了分析[17]。中村真一郎（Shinichiro Nakamura），2007年时结合物质流分析方法提出了废弃物投入产出模型，用以进行废弃物的生命周期管理[18]。库里安·约瑟夫（Kurian Joseph）等，2009年根据皮革制品的制革工艺，利用物质流分析方法详细地分析了皮革在全生命周期过程中的资源消耗与环境影响情况，并依据得到的结论给出了相应改进意见[19]。

在吸收国外物质流分析研究与运用经验的基础上，国内关于物质流分析方法的运用也不断完善。国内学者陈效述、李刚、刘敬智、徐明、张天柱、王亚菲、孔鹏志等通过运用物质流的理论和方法对不同时间段内我国经济系统的物质输入、输出、总量核算、发展变化趋势及宏观政策对国家经济系统物质流影响等内容进行了研究[5],[20]~[28]。2007年，戴维斯（Davis）等对英国的钢铁使用状况进行了物质流分析，分析了钢铁的使用量以及废弃钢铁回收利用率，研究的重点是钢铁碎屑的产生与回收利用[38]。郭学益等2008、2009年分别从铜、铅的生产，铜、铅制品的加工制造，铜、铅制品的使用和废铜、废铅的处理等阶段详细地阐述了铜、铅循环的物质流分析模型，然后运用模型进行实证分析并得出结论[29]~[30]。2009年，台湾地区的陈伟强（Chen Wei qiang）等在人类圈铝元素生命周期特征的基础上，分析了2001年，2004年和2007年这三个年份中国大陆境内的铝物质流，并得出了铝的循环利用情况及损失[31]。

区域层面。随着国家物质流分析研究成果的日趋成熟，区域物质流分析也逐渐开展起来。2004年，安妮卡·林克维斯（Annica Lindqvis）等运用物质流分析方法对瑞典三个市区的镉元素代谢进行了研究，研究结果表明物质流分析是制定区域环境管理相关决策的重要辅助工具[32],[144]。2004年，徐一剑、张天柱通过物质流分析方法对贵阳市2000年的物质流整体情况、

1978～2002 年的资源消耗情况，还有 1996～2002 年的污染物排放总量、结构、强度等情况分别进行了梳理与分析[33]。2006 年，张思锋、雷娟以陕西省为研究对象，将物质流分析方法用于该省 1996 年至 2003 年期间的物质输入变量与输出变量之间的函数关系推导及发展趋势预测[34]。2007 年，单永娟运用物质流分析方法对北京地区经济系统的物质流进行了分析，并从时间序列角度分析该地区物质流的变化趋势，给出了应对措施及建议等[35]。2009 年，姚星期从物质代谢理论视角，以物质流分析方法为工具，完成了对浙江省循环经济发展的规模、结构特点和运行效率等方面的认识和评估[36]。2011 年，李刚，王蓉等通过使用物质流分析方法估算江苏省经济系统的物质输入和输出情况，发现江苏省经济系统存在的问题，并评估了该省经济系统给生态环境带来的压力[37]。

根据对已有国家和区域层面物质流分析研究成果的梳理，发现关于两者的物质流分析计算框架与方法相近。一般是引用"欧盟导则"确定的经典物质流分析框架，在此基础上结合实际研究目标做出修改，收集研究所需数据，用若干指标（如物质需求总量 TMR 等）进行分析评估，得到结果，进而为循环经济规划提供参考与指导。

企业层面。目前，企业层面的物质流分析的研究比较有限，且没有统一的计算标准，这主要是因为企业性质不同，研究的物质流对象就有所不同，从而使作为量化评估的指标也大同小异。

国外学者主要运用物质流分析方法对企业内低效率的物质流进行考察分析，然后通过结合其他评价方法或技术提出解决办法，对企业物质流利用情况研究的广度与深度都不断增强。2007 年，克里斯蒂安·理查德·埃尔斯纳（Christiane Richard Elsner）等对一个化学制品企业构建了物质流与能源流耦合模型，通过该模型显示了企业内不同复杂程度物质流与能量流的流量，挖掘出整个企业过程中能源和物质的节约潜力并支持进行生命周期评估[39]。2011 年，罗德里格斯（Rodríguez）等提出了一种结合 MEFA（物质流、能源流分析）模型与 BAT（最佳可行技术）分析的适用于工业过程的方法。该方法首先通过 MEFA 模型确定可改善的物质或能源流，然后通过 BAT 分析来选择有针对性的技术解决方案，最后应用于砖瓦资源循环型企业进行模型验证[40]。2012 年，马尔塔·赫尔法（Marta Herva）通过将能源和物质流分析（EMFA）、生态足迹（EF）两种环境评价方法进行结合，对一个夹克资源循环型企业 2002～2005 年期间生产造成的环境影响进行了评估[41]。

国内学者对企业层面物质流利用情况研究的深度上与国外学者还有一定差距，但是在广度上也有着丰硕的研究成果。戴铁军通过研究企业内部和企业之间的物质循环问题，以生产过程的基准元素流图为基础，探索物质流动规律及其对资源、环境效率的影响，并通过钢铁生产流程的应用，分析了各股铁流对流程铁资源效率、环境效率的影响[1]。姜文英在 2007 年根据铅锌冶炼企业循环经济建设的需要运用物质流分析方法对铅锌冶炼企业的铅元素流及锌元素流展开了深入研究[42]。李娜等 2008 年利用物质流方法分析了啤酒企业各工艺段的物质代谢情况，研究流失资源的物质流向，针对啤酒企业的特点，发现企业在资源利用方面的问题，并提出解决对策[43]。曹红葵、赵偶在 2008 年采用基于"欧盟导则"确定的物质流分析框架，对所研究的水泥企业建立直接物质投入（DMI）、总物质需求（TMR）等账户，并利用账户衍生得到的环境载荷指标对水泥企业造成的环境压力进行比较分析[44]。2009 年，王军、刘西林等根据煤炭企业的特点构建了物质流分析的研究框架，建立了相应的评价指标体系，并进行实证研究，针对得出的指标结果，提出相应的对策及建议[45]。2009 年，刘雷利用元素流分析等方法，研究了企业层面有机化工循环经济产业链网的物质流动代谢效率，并以得到的各产业链物质流动代谢效率结果为依据，研究了产业链网的设计方法[46]。2010 年，卢伟在分析我国废弃物循环利用系统的物质代谢特征的基础上，扩展了物质流分析方法，通过与投入产出分析方法、宏观经济计量模型、情景分析、生命周期分析方法等相结合构建了废弃物循环利用系统物质代谢分析模型[47]。2011 年，丁平刚、田良运用物质流分析方法对水泥企业的整个熟料及水泥生产过程中物质输入与输出进行了核算，并结合水泥工业清洁生产标准的部分指标与计算结果进行了比较评定[48]。智静、傅泽强等 2012 年根据能源（煤）化工基地物质代谢特点，构建了能源（煤）化工基地物质流分析框架，并进一步分析了宁东能源化工基地不同行业的物质代谢规模、物质代谢效率及污染排放结构[49]。周继程等 2012 年从物质流和能量流的角度，分析了炼铁系统的资源和能源消耗情况[50]。邱诚等 2012 年运用物质流、能量流分析方法对电解锰工艺系统主要工序、高硫煤燃烧和水泥生产等工序进行了比较全面的分析，研究了制取电解锰的新工艺生产过程中物质流动和能源流动情况[51]。

　　通过对近年来关于企业层面的物质流分析相关研究进行梳理，可以明显看出，相对于国家或区域层面，企业层面的物质流分析没有形成统一的计算方法，评价指标体系结构还不太完善，研究多集中在钢铁、煤炭、铅锌冶金、水泥、有机化工等高资源消耗、高污染排放的重点行业。另外，企业物质流分析的过程通常还涉及对企业能源流的考虑，更确切地说，企业能源流一般以物质流为载体，所以在研究能源流的时候，不可避免的要对物质流进行分析。物质流与能源流错综复杂，涉及大量元素与数据，如果完全依赖于人工计算与梳理则耗时耗力，所以，需要考虑借助一定的计算机分析工具。

1.4　循环经济领域仿真研究现状

　　在企业物质循环研究的过程中，面对资源消耗、循环利用、污染排放等大量的信息和数据，为循环经济的理论与实践研究带来了极大的不便。对循环经济过程中物质的流动和循环进行梳理是一项繁复的工作，国内外学者正在致力于利用计算机技术和信息技术带来的便利，研究循环经济领域的相关问题的模拟与仿真。

　　目前，循环经济领域仿真研究尚处于探索阶段。多数研究主要是通过对循环经济系统的相关元素抽象提取，建立仿真模型，然后运用现成软件进行模拟分析。常用的循环经济仿真软件有系统动力学的 Vensim 软件[52]、Matlab 里的仿真工具箱或者人工神经网络、基于 Agent 建模的 Swarm 仿真平台[53]，以及用于生命周期影响评价的 GaBi 软件、SimaPro 软件、EcoPro 软件[54]等。专门用于物质流分析的软件寥寥无几，只是体现在生命周期影响评价的相关软件中，而且这类软件一般不以动态仿真为目的，注重的是环境影响评价分析。

　　国内关于循环经济仿真的研究还处于起步阶段。2006 年，荆平分别对企业生命周期评价系统、工业园空间管理信息系统、城市水循环模拟仿真系统进行了设计及关键技术分析，从企业、工业园区和城市三个层面出发研究循环经济模拟仿真系统的构建，为循环经济仿真的深入研究奠定了坚实基础[54]。李丽将系统动力学模型应用于某地区的循环经济规划工作当中，对采集自该地区的真实数据进行仿真与模拟，客观反映了该地区循环经济运行情况，为相关决策者制定政策规划提供了科学的依据[55]。闫博华运用元胞自动机方法对义煤集团循环经济产业链进行了仿真研究，模拟循环经济产业链的整体发展趋势[56]。白露从系统论的研究视角，根据循环经济系统的层次性和动态平衡性，运用仿真方法和技术模拟了循环经济发展的动态性和阶段性[57]。赵妍则基于长春经济技术开发区进行城市生态工业系统模拟、优化调控研究，建立了 SD 仿真模型和不同情景分析[58]。贾伟强等运用系统动力学方法建立了资源型产业集群循环经济模式发展的系统仿真模型，进行了管理对策的定量仿真试验，并分析对策实施效果，为管理决策的制定提供了依据[59]。

1.4.1 仿真技术发展现状

随着对仿真系统研究的深入，仿真技术方面的研究也随之深入。从定性分析到定量分析，从抽象概念建模到具体过程仿真，从理论建模到数学建模，从普通领域到高端信息技术领域，仿真技术在建模中得到了广泛的应用，并迅速发展。

范帅等针对当前复杂系统建模存在的难题，引入了定性定量集成模型求解技术和因果图理论，定性定量集成模型的联合求解策略包括时间管理与数据交互的技术及基于 SRML 的定性定量交互接口技术，该技术成功地应用到了智能飞行器系统定性定量综合建模与仿真中[60]。诺伯特·安吉拉（Nebot Angela）等在已有的定性定量模型基础上，通过对中枢神经系统控制的模糊归纳推理，建立了五个独立的控制器微分方程模型，利用血流系统之间的循环关系，从而将心血管系统当作一个整体来进行研究，该方法较适用于结构部分未知或完全未知的系统[61]。卡尔邦扎德·迈赫迪（Ghorbanzad'E Mehdi）等采用定性与定量理论对类药化合物角膜渗透性进行分析预测，通过多元线性回归、多感知神经网络以及灵敏度分析，确定选定定量间的关系，从而进行模型预测和模型评估[62]。

洛夫廷·詹姆斯（Loftin James）认为，概念建模是过程建模仿真中的一个重要步骤，在建模细节上，UML 语言和 NMSG–058 对概念建模有很大的帮助作用，概念建模的递推过程大大简化了研究对象实体，为后期建模奠定了一定的基础[63]。欧拉·恩德维尔斯（Ola Benderius）等对仿真优化驱动模型的环境进行了介绍和描述，对仿真优化的特点进行了总结，同时给出了基于车辆动力学用来推断驾驶员驾驶模型参数的优化框架[64]。唐梦将建模仿真技术应用到资源循环型企业的生产过程中，利用 Arena 研究平台对某制造业企业的生产过程工序进行研究，提出该生产过程的研究范围和模型框架，并对当前比较普遍理论研究方法和计算机仿真方法进行比较，结合实际生产，整理了大量模型构建的关键技术及分析方法，为制造业生产过程的改进和优化提供了理论依据[65]。

李爱平等运用协同仿真技术，对生产参数进行建模，将两种不同仿真模型 Plant Simulation 和 Factory CAD 模型成功融合到一起，使接口可以直接进行数据交换，弥补了传统方法针对性比较单一的问题，该模型初步探讨了协同仿真模型中模块间的数据交互机制，对企业生产过程改进有一定的指导作用[66]。李伯虎等提出并初步研究了一种新的仿真模式"云仿真"，该仿真模型基于云计算理念，融合了网络化建模理论，可将生产过程中的数据转变为模型或将生产模式转变为数字信号来进行分析，同时也可和其他的用户进行模型资源共享，即支持多用户通过网络随时随地获取所需的建模仿真信息，扩大协同仿真模型应用的范围，也为现代仿真技术的研究提供了新方向[67]。库沙·圣地亚（Koushal Sandya）等认为云计算已经改变了人们常规的工作模式，企业在低成本情况下得到了更多可利用资料，虽然企业运营变得更加容易，但有效利用这些资源对企业或者行业来说仍然存在问题，通过对可视化使用模式和 CloudSim Ap 监控负载模式进行研究，建立云仿真框架，从而使云计算相关工作更有方向性和效率性[68]。

1.4.2　仿真方法研究现状

目前，仿真方法在国内外资源流动状态的研究上日趋成熟。从宏观层面到微观层面，从国家层面到行业层面，从理论角度来研究过程到从过程角度来研究过程，再到从过程走向角度来研究整个过程，仿真方法作为衡量世界经济与环境水平的新型工具，正广泛地应用于国防、科技、农业、工业等各个领域内。

在国外，翁贝托·阿里纳（Umberto Arena）等用经济和环境方面的特定生命周期评价，量化废弃物中主要元素的物质流速，从而为减少垃圾填埋、减少温室气体排放以及回收能源再利用的决策过程提供理论支持[69]~[70]。田保国（Tian Baoguo）等在蒙特卡罗数学模型对环境约束的条件下，对城市固体垃圾进行分析，找出了处理成本最小化的点[71]~[72]。卢凯（Lu Kai）等针对企业能源规划经济费用最小化的问题，提出了基于AHP与PROMETHEE结合的方法，在考虑约束条件的前提下，建立目标函数，并对备选方案进行优先排序，从而得到最优解[73]。李素拉（Lee Sora）针对PSS功能性能的测量，提出一种基于系统动力学的精选分析方案，并分五个阶段对该复杂系统进行了研究，该方法也成功应用于某医疗系统的案例研究中[74]。系统动力学的相关研究中还有贝兰（Beran）等在经济学中的应用，以及翟艾（Jaai）等在机器人与航天方面的研究等[75]~[76]。李维特（D. M. Revitt）等采用特定物质流分析方法分别对欧洲镉、汞流动及韩国镍、镉等金属流动情况进行研究，用静态物质流分析当前阶段特定元素的流动情况，用动态物质流对未来一段时间内该元素的流动情况进行预测，从而对镍、镉、汞等相关产品的生产及市场流通进行有效控制和管理，减少对土壤和水质的污染[77]~[78]。莫汉·耶里舍蒂（Mohan Yellishetty）和鲁白（Lu Bai）认为特定物质流分析是比较有效的环境管理决策支持工具和工业代谢研究工具，莫汉·耶里舍蒂用物质流分析澳大利亚、巴西、中国和印度的钢流量情况，这些国家都是经济上比较依赖矿产的传统型国家，同时也是世界矿铁石主要供应者，研究目的主要是通过对存流量的控制，对资源进行管理、回收和利用，从而使资源被可持续性利用；鲁白等为实现企业现有工艺水平下有效防治和控制污染，采用特定物质流分析方法对铅冶炼过程进行评估，通过对各个环节的流量采样测量分析，找出影响资源利用率的因素，并提出了两种解决质量失衡问题的有效办法[79]~[80]。娜塔丽·切斯尔（Nathalie Chèvre）等用特定物质流分析方法，选择医院和污水处理厂两个环境，对药品作用在水生生态系统上的影响进行研究，对化合物进行分析，从而找出降低药品对水生态环境影响的方法[81]。达维德·托尼尼（Davide To-nini）以一个废弃炼油厂为例进行建模，对能源、材料进行物质流分析，从而找出可回收利用的途径，进而减少化石燃料和自然资源消耗的减少[82]。马萨希洛·奥古奇（Masahiro Oguchi）等以中国和日本为例，对金属污染源废旧电器和电子设备中特定物质的流动情况，运用物质流分析和时间序列相结合的方法进行分析，为决策者制定环境和资源管理方面战略政策提供依据[83]~[84]。

对比国内，王琳等从物质存量流量角度出发，运用投入产出模型，从国家层面对中国钢物质流量进行分析，建立动态模型，并对未来一段时间的钢存量进行预测，从而对可能会发生的问题采取有效的预防措施和手段[85]。其他学者还对钢铁业的价值流和能量流耦合发展等问题进行了研究[86]~[89]。刘文志运用 Petri 网理论对食品生产过程进行生产线建模，通过对加工过程的模型仿真，对整个系统进行分析，从而找出食物原料配兑比例的最佳选择[90]。张亮等运用系统动力学方法，对第三方物流服务系统进行分析，通过系统动力学模型的建立，找出用户对物流的需求，对系统进行优化，从而能提高服务的质量和效率[91]。曹德或等针对化工业粗苯回收率较低的情况，运用多目标优化与在线过程建模的方法，对粗苯回收进行模型构建，有效提高了粗苯的回收利用效率，降低了原材料的浪费情况，并开发了相应的生产指导系统[92]。赵涛等人采用动态元素流分析方法，分析过程中某元素的流动情况，从社会因素角度着手，修正元素流分析模型，并对某工业园区当前氯（Cl）元素流动状态进行分析，对园区内未来一段时间内氯元素的产出需求量进行预测，从而对氯元素的投入量进行控制[93]。李刚从国家可持续发展角度对社会经济系统和环境系统进行物质流分析，通过隐藏流计算方法，找出隐藏流及其对我国经济和环境的内在影响，对结果进行分析，提出解决办法来减小相应影响[21]。高挺等从循环经济视角，以物质流核算为工具，对河北省经济系统物质输入输出进行分析，发现循环经济发展问题所在，找出影响生态环境的主要因素，给国家制定相关策略提供了一定帮助[94]。陈波等以城市经济系统为核心，对城市系统输入输出及物质积累进行不同条件假设 21 和分析，构建了城市物质流分析框架及指标体系，对城市资源与能源消耗利用情况进行衡量，研究所得分析框架、指标体系及测算方法，可用于不同城市间相同物质代谢规律的比较[95]~[96]。马红霞在动态物质流分析基础上，引入存流量和投入产出分析，打破了国内通常将动态模型研究视角放在输出端的现象，对系统输入端进行研究，建立了城市固体垃圾流动态管理预测模型，并对模型进行多目标优化[97]。陈瀛等以青海盐湖化工为例，运用物质流分析模型与质量平衡原理对化工业某生产过程进行分析，选取衡量指标，在不同过程中对同一种物质流进行比较，从而找出影响生产效率及原材料利用率的因素，针对企业实际提出合理改进意见[98]。

1.4.3　仿真系统发展现状

学者们对仿真系统的研究主要是从简单系统到复杂系统，从连续过程系统建模到离散化过程系统模块化，对仿真系统的研究越来越趋向于精确化。

20世纪60年代，出现的基于三维CAD/CAM系统的简单线框模型，只能表达基本的结合信息，不能有效的表达几何数据间的拓扑关系，70年代，德国人贝塞尔（Bezier）提出贝塞尔算法，使用计算机处理曲线及曲面问题成为可行，这是最早的计算机辅助建模。孔祥东利用热力学平衡原理和系统动力学原理，针对不同波动和干扰条件下气化炉的工作状态，建立了简化的系统离线模型和在线模型，通过该模型，对工业过程中气化炉的控制与优化问题进行研究，为实际工业过程运行提供了理论依据，也为复杂工业过程的模拟与改进奠定了基础[99]。桑切斯·塞斯马，乔治（Sanchez Sesma，Jorge）等将一种基于热带气旋原理的简单建模方法，引入到流体动力学建模中，根据分布概率的不同，对风的路径和强度进行预测，并成功应用在美国沿海风力预测等方面[100]。布鲁姆菲尔德（Broomfield J. P.）对英国钢筋混凝土腐蚀破坏延迟修理进行简单的数学建模探讨，基于历史案例提出了简单的应用仿真建模程序，避免了客户资金浪费的同时也对钢筋混凝土进行了耐久性研究，为工程师机构设计调整提供了简单有效的解决思路和方法[101]。约翰·迪内希（John Dinesh）等对呼吸量进行建模，研究简单建模中的多元回归和复杂建模中的随机森林法，比较两种模型下的呼吸计数，结果发现两种模型间的预测精度之间有细微的差别，但复杂建模的预测精度比简单建模略好[102]。张霖等基于国内外研究现状对模型工程做了详细的定义，通过对模型可视化、模型重组与模型管理的研究，建立了一套适用于复杂系统的完善理论和方法体系，并且，该模型工程不仅针对仿真领域，它对于任何需要建模并对模型进行管理的领域都具有应用价值和研究借鉴价值[103]。曼戈尔德·李（Mangold Lee V.）针对政府系统信息的保密性要求，基于美国陆军研究实验室研发基础，对复杂系统自动化建模进行研究，对实际系统操作界面和接口设计提出了建议，以使得自动化工作系统的信息安全最大化[104]。岛村小室（Shimamura Tetsuya）等对复杂系统进行建模研究，将最小二乘法扩展到复杂情况，采用系统能够辨识的程序，将复杂系统降级到半复杂化进行研究，该模型比较适用于没有扰动外因干扰下的系统模型，并已在复杂数字滤波器研究方面有所应用[105]。陶俊对复杂系统的规模和层次进行了分析，并在已有仿真技术基础上，构建了分布式智能 agent 框架，最后将研究成果成功应用于军事作战仿真模拟[106]。

高利杰运用模块化建模思想，分别对烟草行业、图书配送行业以及邮政配送行业进行了研究，基于行业特点，建立作业过程图，进行分块建模，并对各模块间的接口参数进行设置，提高了模型的精确度，比传统建模方法更适合实际生产过程，更好的解决了模块化现象给过程建模带来的难题[107]。宋利伟针对当前复杂系统研究领域所面临的问题，将 CMPS 网络建模技术体系引入到模块化建模，从而更深入的对复杂离散系统进行研究[108]。还有不少学者也对复杂产品模块化建模关键技术做了大量研究[109]~[114]。

国外在循环经济工业过程仿真系统方面的研究起步早于我国，主要是以大型数据库为作为软件后台支持，参照生命周期法、系统动力学等理论，对工业过程建立模型。在本文选取具有代表性、比较常见、通用性较强的几款仿真系统软件如 SimaPro、GaBi、Vensim 和 Aspen Plus 做介绍。

SimaPro 软件由荷兰莱顿（Leiden）大学环境科学中心研发，是一款基于生命周期理论通用性较强的仿真软件，可用于工业、农业、能源、建筑、零售产品食品等。其特点整合不同数据库，以大型数据库为支持，将产品生命周期组合，从产品生产的供应链端的原材料分析开始，到产品报废、回收，对整个过程的环境指标、资源消耗指标等进行分析。其特点是数据库完备，关注周期长，指标分析范围广。但由于其数据库庞大，缺少针对我国国情的数据库资料，对对象的分析过程时间跨度和空间跨度大，价格昂贵等缺憾，对一把规模的企业适用性较差。与 SimaPro 软件类似，GaBi 也是基于生命周期理论设计的专门用于可持续发展产品工艺研究的软件，GaBi 软件支持功能较广，包括生命周期评价项目、碳足迹计算、生命周期工程项目与成本研究、原始材料和能流分析、二氧化碳计算等。该软件的不足是操作上不够方便，虽然功能强大，但操作上限制和要求较多，需要培训。在引用数据库时，要经过复杂的连接过程。此外，该软件针对我国同样存在适用性差、数据库不匹配等缺憾。基于系统动力学的 Vensim 软件由麻省理工学院研发，它具有图形化的建模方法，除具有一般的模型模拟功能外，还具有复合模拟、数组变量、真实性检验、灵敏性测试、模型最优化等强大功能。Vensim 所提供两种分析工具一种是结构分析工具，可以将过程中变量关系用树状图形表示出来，一种是数据集分析工具，可以将过程中涉及的数据在整个模拟周期内以图形方式直观给出。阿斯彭·普拉斯（Aspen Plus）是美国阿斯彭技术（AspenTech）公司的产品，是一款大型通用型过程模拟系统，主要在石油化工等行业应用广泛。该产品历史悠久，现以开发了多个版本。该软件最大的特征是具有强大的先进的数值计算功能，特别是针对化工、炼油等行业，能为用户提供专业的物性模型，方便用户有针对性的设置状态方程模型，同时该软件具有准确完备的数据库，满足大多数用户的数据需求阿斯彭·普拉斯的过程插入模块功能、优化功能与分析功能，在不断改进的情况下，不断完善加强，成为众多企业的首选工具。但该软件强大的功能也暴露了其不足，由于该软件数据库特征主要针对大型石化、化工和炼油行业，对于一般过程资源循环型企业缺乏通用性，无法满足一般工业过程指标计算与效益分析功能，且该软件操作复杂，非专业人员在未经专业培训情况下无法使用。

以上几款工业过程仿真软件在过程显示、功能设计、数据库录入等方面对国内软件开发起到了很好的启发作用，但由于操作便捷性不足，工业标准、数据库适用性不同等特点，我国资源循环型企业无法直接套用这些软件模式。

工业过程仿真研究在文献理论研究方面主要集中在以下三方面：一是借助现有仿真平台对仿真功能进行功能扩展性研究，如唐梦借助 Arena 仿真软件为平台，以资源循环型企业生产过程为研究对象，重点研究了资源循环型企业生产过程的分类，构造特点和模式；裴瑞凌以 MATLAB/SIMULINK 为技术基础，设计开发了适用于大型化工生产的仿真平台，为功能模块运行的可视化过程模拟提供了技术支持[65]。二是基于其他领域的理论方法，将该理论在工业过程仿真领域进行创新性应用研究。如刘宁烟丝生产过程的建模仿真与优化、张永阳基于 Petri 网的制造型企业生产过程实体建模方法研究、陈瀛应用 Petri 网分别对烟丝工业过程和制造型企业生产过程进行了仿真建模研究，拓宽了工业过程仿真理论思路，提供了很好的借鉴[115]~[116]。三是对现有工业过程进行系统分类研究，并研究该分类理论在仿真方面的可行性，如袁锋创新性提出制造过程建模体系结构，实现对制造过程的建模，并对仿真模型进行分析与优化，实现制造资源的优化配置；王振伟分别对制造过程建模方法与仿真方法进行了详细研究，通过对工业过程的系统分层，提出分层建模法，并采用神经网络法对仿真结果进行优化分析，最后开发出工艺过程驱动建模理论[117]~[118]。

虽然国内外不同领域专家对循环经济仿真系统的研究，在不同行业进行了示范应用，取得了显著的成果，对改善和促进该领域循环经济发展起到一定的作用，但这些研究仍然存在一定的局限性，尤其在切入的角度与研究的对象方面。特别指出的是在石油化工、钢铁、煤炭等高污染、高消耗行业，现有的仿真系统数量不断增加，功能不断完善，针对这几种行业的仿真系统研究层出不穷，共有的不足之处在于缺乏系统性、全面性、广适性，不能通用性的涵盖工业生产过程的时间要素、物质流元素分类、物料过程属性及资源属性，无法做到对工业过程做全面深度剖析，适用于物理或数学等着重数据分析的单性计算模拟。大多数只是针对某个企业或某类企业，着眼于单一的企业或行业存在的问题，其预测与优化功能具有特殊针对性，不具有普适性。

通过对文献的阅读与整理可知，近年来随着经济的发展，仿真技术随之快速发展，仿真建模方法呈现出多样化特性，研究领域涉及各个方面，其中较为突出的是物质流分析方法，其在环境方面尤其在城市废弃物治理方面有较大的研究进展。并且物质流分析方法正不断尝试与其他方法进行融合，包括从产品整个生命周期监测物质的流动状态，从而对废弃物的回收利用进行评价；从经济、环境等外在因素影响过程的程度对物质流动进行二次分析；

同时也包含与一些相对更加有针对性的数学模型的结合。可见,国外学者在资源循环利用方面研究的建模在不断深化,其应用领域不断拓展,但在研究方法方面,动态与静态相互结合的研究相对较少。

与国外研究角度有所不同,在不断对过程进行仿真的基础上,国内学者正不断尝试对模型进行修正和改进。但国内研究偏于重工业等环境污染较为严重的行业,且多从层面物质流动角度进行分析,如国家层面和区域层面等,对企业虽有研究,但由于环境和影响因素各有不同,衡量指标无法统一,没有形成相对统一的方法。

1.5 研究方法与技术路线

1.5.1 主要研究方法

是循环经济活动的行为准则是 3R 原则,即即减量化(reduce)原则、再使用(reuse)原则和再循环(recycle)原则。基于这三原则,国家从社会层面、区域层面和企业层面来推进循环经济改革。本书主要从资源循环型生产过程入手研究企业层面的循环经济现状与优化。

本书有关资源循环型生产过程的物质循环过程形式化建模及仿真研究主要建立在国内外研究资料整理的基础上,结合循环经济理论、物质流分析理论、工业代谢理论与生态产业链、Petri 网仿真以及系统工程等相关理论,遵循规范研究和实证分析结合、定量分析与定性分析结合的原则,从微观角度着眼,对生产过程的物质流动状态与循环仿真方法进行理论研究、模型研究、实证研究。通过对循环经济试验区中的盐湖化工企业展开实地调研,获得一手资料,进行论文数据采集;同时不定期参加循环经济试验区产业集群科技服务平台项目小组研讨会,深入对资源循环型生产过程的物质流动规律进行分析,以及物质循环仿真模型的构建进行探索,本文部分数据资料主要来源于生产过程的实际生产数据。

本书首先通过构建物质流评价指标体系,对静态物质流模型进行量化,全面分析和评价了生产过程中物质的使用情况；将反馈机制引入到动态 SFA 模型中，提高模型与实际的切合度，提高仿真结果的精确度。

其次，运用混杂 Petri 网对物质循环进行了形式化建模；针对循环经济园区的资源循环型生产过程普遍存在的物料冗余投入的问题，以时间 Petri 网建模与仿真技术为依托，对物质流单元模块建立了时间 Petri 网模型，实现了对物质流系统投入方案的优化。

最后以物料属性和过程工序特征分析基础，构建了一种资源循环仿真系统。该系统针对不同类型的资源循环型生产过程，仅需要用户通过构建生产单元，设置过程属性与数据，就可以形象的描述生产过程中各单元的物质输入输出特征，总体过程的物料属性、物质消耗数量、用料数量形象对比，在此基础上，自定义计算指标，进行碳排放、水足迹、物质消耗率、资源循环率与环境效率，以考核生产过程中存在的物料可循环性、数据可优化性、废弃物排放可节省性等。

1.5.2　技术路线

本研究采用了规范研究与实证分析相结合、定性与定量分析相结合的研究方法，研究内容及研究范畴紧密结合我国社会经济发展的实际问题。提出了以物质流分析的量化模型与 Petri 网的逻辑仿真模型为资源循环型生产过程的物质循环过程提供逐步形式化建模方法，并利用 Matlab Stateflow，Simulink 等工具进行仿真，为生产过程的资源循环化改革的实践，提供了科学有效的量化、模拟方法与借鉴，具体技术路线如图 1 - 1 所示。

本书提出的资源循环仿真系统可以为用户提供多个方案实时对比功能，通过优化前后方案的实时对比，用户可根据实际需求，调整过程数据，为最优方案的提出提供了便捷。通过不同角度和不同方法的建模以及仿真，为工程技术人员等理清资源循环型生产过程资源的投入和流向，物质的使用总量和使用强度，以及污染物的排放情况提供了一种较为切实可行的方法，对资源循环型的生产过程改进提供指导与帮助，可供存在资源循环型生产过程的企业的循环经济建设加以借鉴。

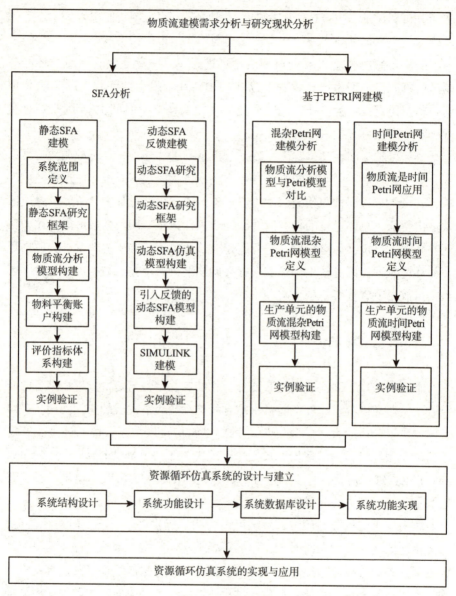

图 1-1   技术路线

第 2 章

资源循环型生产过程的静态 SFA 建模

物质流分析（MFA）是对特定系统里物质流动与贮存进行的系统性分析与评价，主要包括经济系统物质流分析（EW – MFA）和特定物质流分析（SFA）[119]。特定物质流的研究对象为化合物或元素。通常，物质在过程中是处于流动状态的，物质流动状态是指在生产过程中，各物质随着过程的进行而体现出的走势。但对于整个系统来说，直接用物质的流动状态来衡量整个过程并不容易，本章将数据静态化，从而对过程进行管理。

目前，国内对国家和区域的物质流研究居多，企业层面的研究还较少。这是因为企业层面物质流研究可能会受到企业统计数据可获取性、准确性及适用性等方面的制约。要解决这些问题，关键在于系统结构的确定和模型的建立。

资源循环型企业层面的物质流分析的基本过程包括四部分：①系统范围定义，包括范围、边界和时间的确定；②数据收集与物质流模型建立；③物料平衡账户建立；④评价指标设计；⑤分析。与国家和区域层面的物质流分析相比，企业层面的物质流分析侧重于研究系统中关键物质的流动机理和代谢效率，因此在系统结构的确定、模型的解析程度等方面有更高的要求。本章将重点针对资源循环型企业中过程型资源循环型企业关键物质流动模型的建立方法展开研究。

2.1 系统范围定义

企业层面的物质流分析主要以单一具体的企业为研究对象，从企业的产品生产过程入手，进行系统的研究分析。因此要对研究的系统进行确定，如图 2-1 所示，对系统范围的界定主要从物质流范围、时间范围和空间范围 3 个方面着手。

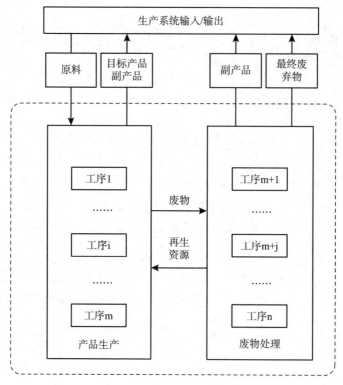

图 2-1　系统范围的界定

2.1.1　研究系统的确定

把资源循环型企业产品加工的整个过程当作一个整体来看，抽象为系统，对系统的边界进行界定，对工序进行分类，从企业开始生产产品为起点，到产品加工完成，着重对产品在企业的这段特定生命周期内物质流动情况进行研究。通常，产品的生命周期是指从原材料开采到最后回收再利用的整个过程，因资源循环型企业较为复杂，所需原料大部分属于天然类型，原材料开采过程数据处理难度大，同时产品回收再利用环节主要针对生态系统的环境影响进行研究，故本文对产品的特定生命周期做了界定，只研究产品生产过程环节。

2.1.2 物质流的确定

系统内物质的确定通常与研究系统的目的息息相关。所以，系统范围的定义首先要选择一种或一组物质作为切入点，对某些特定物质在过程中的走向趋势进行分析。根据企业从事的生产活动，可以将系统的物质流主要分为外部环境向系统输入的物质流、系统向外部环境输出的物质流，以及系统内部各生产单元间输入输出的物质流。外部环境向系统的输入流包括以原材料或辅助材料形式作用于系统的自然资源、再生资源，或者来自于其他企业的产品或副产品；系统向外部环境的输出流有企业生产的主产品、副产品和废物等；系统内各生产单元间输入输出的物质流主要有中间产物和可循环利用物。根据理论和对企业的实际意义来确定研究物质，对过程中的一种（类）或几种（类）物质或元素进行研究，使复杂系统简明化。同时也要求企业有一段时间内比较准确的数据。

2.1.3 系统的时间界定

对于国家以及区域层面，物质流是用单位时间内物质质量流动来表示的，系统研究时间的界定，通常以一年为限。对于企业层面物质流来讲，主要研究的是企业自身生产的物质消耗、资源回收利用和废弃物处理情况，所以，其量化研究的重点是单位产品的资源输入与排放物输出分析，采用的计量方式是物质质量/单位产品。对过程进行特定物质流分析的时间范围确定，关系到过程数据的处理问题。选定物质在不同时间段流经某节点的流量不同，在处理上就有一定难度，可以选定一段时间对过程进行数据测量，根据不同的建模需求，选择合适的方法对数据进行处理，将以此数据为基础的后续处理过程所产生的误差降到最低。实际上，数据测量的方式很多，也可以针对每个生产周期内物质的流动进行计算统计。

2.1.4　系统的空间界定

如果以某一产品为线索，追踪其整个生命周期的物质流情况，则需要从资源获取、加工生产、消费使用、回收处理几个阶段进行考察与分析。对于企业层面而言，其物质流分析通常并不完全涵盖研究对象的整个生命周期，一方面是因为整个生命周期的数据难以获得；另一方面是因为企业仍然是以利益为导向从事生产，在国家清洁生产和循环经济政策的号召下，关注更多的企业自身生产、废物处理与资源回收利用情况。因此，系统空间范围与企业从事生产活动的区域相一致，即为企业厂界。在此范围内，研究的系统有可以进一步分为生产系统与各生产单元两个层次。

2.2　静态 SFA 研究框架

特定物质流分析（SFA）的研究对象为化合物或元素，当研究对象为某一元素时，即为元素流分析。特定物质流分析作为衡量世界经济与环境水平的新型工具，正广泛地应用于国防、科技、农业、工业等各个领域内。

静态 SFA 是指基于质量守恒，对过程进行投入产出分析的一种分析方法，通常，产品生产过程的投入等于产出与废弃物排放之和。

通过对系统整体的分析，根据研究范围的确定，建立 SFA 的具体研究框架，如图 2 – 2 所示。

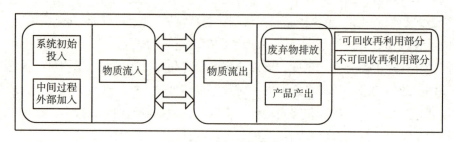

图 2 – 2　系统研究框架

从框架中可以看出，整个系统被认为处于平衡状态，系统输入（即物质流入）等于系统输出（即物质流出），上一节所述的 SFA 方法研究范围在该研究框架中有所体现。但该框架为从系统整体角度考虑的物质输入输出平衡状态，不是每个过程单元的平衡状态，故系统的内部自循环在框架中没有体现。

2.3 物质流分析模型构建

物质流分析的任务是弄清楚与这些物质变化有关的各股流的状况，以及它们之间的相互关系，目的是从中找到节省自然资源，改善环境的途径[120]。陆钟武院士将物质流分析方法定义为跟踪观察法和定点观察法两种。为了研究产品生命周期中的物质流状况，定点观察法主要关注的是选定区间内生命周期各阶段流入和流出的相关物质量，另外，可以依次改变观察点以了解物质流动的全貌；跟踪观察法则主要关注与产品相关的某一物质沿着产品生命周期的轨迹，跟踪观察该物质在各阶段流入和流出量。跟踪观察法要至少经历一个完整的生命周期过程，即产品生产、制品加工、消费使用和回收利用四个阶段。对于企业来说，只涉及产品的生产阶段，所以定点观察法更适用于对企业层面的物质流动进行梳理与分析。根据定点观察法原理，本节先从生产单元层面详细描述过程资源循环型企业的物质流类型，然后根据生产单元之间物质流映射关系构建生产系统的物质流分析模型，最后给出物质流评价指标体系。

2.3.1 基于生产单元的物质流分析模型

生产单元物质流分析模型是过程型资源循环型企业生产系统最基本的物质流分析模型，是一个典型的过程平衡模型，如图 2 - 3 所示。企业生产单元的输入输出流主要包括物质流和能量流，其中物质流是基础[121]。生产单元的输入流主要包括：①来自外界作为原料或辅料加入的外加物质流 N_i；②来自上游相邻生产单元的中间产品流 M_{i-1}；③来自其他生产单元的循环流 Q_i。输出流主要包括：①经过生产单元 i 加工处理后得到的产品流 P_i；

②生产单元 i 产生的伴生物，可被上游单元回收利用的循环流 R_{i-j}；③生产单元 i 产生的伴生物，可被下游单元回收利用的循环流 R_{i+j}；④生产单元 i 排放到环境中的废弃物流 W_i。图 2－3 中所示的是生产单元基本物质流图，描述了通过生产单元物质流的各种可能形式，实际生产过程中，并不一定每个生产单元都具备以下几种物质流形式。在进行物质流分析的时候，物质流主要有固体流、液体流和气态流这三种形态，为了避免遗漏或重复分析物质流，可以根据物料平衡方程进行验证，平衡方程如下：

$$M_{i-1} + N_i + Q_i = R_{i-j} + R_{i+j} + P_i + W_i \qquad (2-1)$$

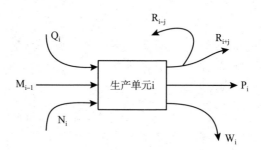

图 2－3　生产单元物质流分析模型

2.3.2　基于生产系统的物质流分析模型

生产单元的物质流分析模型确定后，要将单元分析模型整合为生产系统分析模型。假设企业生产过程由 n 个生产单元组成，则根据各个生产单元输入输出物质流的始端与终端，整合得到的整个生产系统的物质流分析模型如图 2－4 所示。可以看出，对于企业整个生产过程中，物质沿着工艺过程流动，有一股从第一个生产单元一直贯穿到最后一个生产单元的主物质流，称为基准流。在此过程中，一些工序可能需要加入自然资源等作为原料或辅料，形成外加物质流，也可能生成除了主要产物之外的伴生物，伴生物并不需要流入下道工序，就会从工序向外界输出。生产过程中产生的伴生物如果不进行处理，直接排到环境中，即为废弃物，形成废物流；如果进行加工处理形成再生资源，或直接返回到生产系统中进行重新利用，则形成循环流。图中给出的只是企业层面通用的物质流分析模型，针对不同行业特性和企业特点，运用软件 e! sankey 可以绘制出一个企业的物质流分析模型，可视化和量化企业的各股物质流。

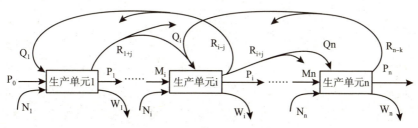

图 2 - 4   生产系统分析模型

由图 2 - 4，整个生产系统物料输入输出平衡关系如下：

$$\sum_{i=1}^{n} N_i + P_0 = P_n + \sum_{i=1}^{n} W_i \qquad (2-2)$$

值得注意的是，循环流属于内部消耗，不计入物料平衡核算。但是，循环流可以衡量一个企业生产过程的资源循环利用率，将在以后章节中作详细阐述。

2.4   物料平衡账户构建

在形成整个生产系统的物质流模型后，需要对系统的输入输出进行物料平衡账户构建。目的是根据物质流分析模型中物料在各个生产单元之间的转换与迁移状况，统计出原料的消耗量，各种中间产品、主产品和副产品的产量，生产过程中各阶段的消耗量及排放等，进而为物质流分析指标的计算打基础。

物料平衡账户的构建在物料平衡核算的基础上完成的。物料平衡核算以质量守恒定律为基础对物料流进流出系统的质量进行统计计算。物料平衡主要是指在一定时间内进入系统的全部物料质量必然是离开该系统的全部物料质量与耗散掉的和积累起来的物科质量的加总。

物料衡算表达式如下：

$$\sum M = \sum P + \sum R + \sum D \qquad (2-3)$$

式中：$\sum M$ 表示输入系统的物料总量；

$\sum P$ 表示系统输出的产品总量；

$\sum R$ 表示系统中回收的物料总量；

$\sum D$ 表示系统中耗散的物料总量。

其中产品总量主要包括产品和副产品的质量加总；回收的物料总量表示可以再返回系统中重新利用的物料质量加总；耗散的物料总量包括除产品、副产品及回收量以外各种形式的损失掉的物质质量总和，污染物排放量也包括在内。

通过物料平衡账户的构建，在满足计算条件的情况下，可以算出污染物的排放量。为了满足下一步评价指标计算的需要，本研究中主要对系统整体构建物料平衡账户。

2.5　评价指标体系设计

企业是微观经济活动的主体同时也是资源环境的主要消费者，资源循环型企业的生产是导致环境问题的主要根源。企业发展不可避免要考虑到资源、环境及社会等影响因素，以对其经营战略做出调整。此情况下，企业管理当局不仅面临着提高经济业绩的压力，同时也面临着提高环境业绩的压力[122]。循环经济是当今社会经济发展的主流，在循环经济的 3R 原则基础上，对系统模型进行量化，通过量化指标对产品加工过程进行分析，给企业提供帮助和指导。在循环经济理念下，企业生产系统的物质流需要追求耗散最小。

循环经济的 3R 原则，即减量化原则、再利用原则和资源化原则。

减量化原则（reduce），是指使用较少的原材料来达到设定的生产指标或计划，从而达到对资源的节约利用和对环境的可持续，它可认为是对原材料的节约利用，也可认为是对废弃物的减排。当原材料一定的情况下，企业需要对原材料未被利用的部分进行再利用，或在保证质量的情况下对产品进行轻型化、简单化或小型化。

再利用原则（reuse），是指尽量减少一次性使用，产品加工过程中很多试剂在保存较好的情况下，可以进行二次甚至多次使用，同样，制造产品的设备以及生产出来的产品也可以进行多次使用。在资源环境日益紧张的今天，资源再使用是资源减量化的另一种表现形式,也是减小环境污染的有效手段。

资源化原则(recycle),一方面是指产品在被淘汰后回收再利用,回炉提炼有用资源,进行再制造,这对产品有一定的要求,因为有些产品在加工成型后无法再将其中的有用资源重新提炼,这样的资源就会被浪费掉,环境的污染有很大一部分是来自于这部分废弃物;另一方面是指产品在加工过程中直接产生的废弃物,这其中有很大一部分都可以进行处理,从而重新投入原来产品或转投其他产品加工过程。

物质流评价指标是量化物质流分析结果的基本工具。考虑到资源环境现状,在优先减少资源消耗和废物产生前提下,运用循环经济的 3R 原则,对系统 SFA 静态模型进行量化。其基本思想就是从源头上来说,单位资源投入的产出越多越好;从过程上来说,追求生产单位最终产品各生产单元输出废物流的最小化。以模型中各个工序单元的数据为基础,对加工过程进行分析。在不考虑生产过程与其他产品生产过程间隐藏循环的情况下,建立产品生产的影响指标体系,衡量企业生产与经济效益之间的关系。

企业物质流评价指标的确定有助于实现以下三大目标:①减少资源消耗,如减少原料、能源与水消耗,加强资源循环利用和产品耐用程度,形成封闭的物质循环。②减少对自然环境的影响,如减少废物处置、空气排放与有毒物质扩散。③增加产品价值,如延长产品使用寿命,提高服务强度,降低生产和污染治理成本。但是,不同的企业有不同的污染特征和能源消耗方式,因此对企业层面设计通用的物质流评价指标体系比较难。本书只是在借鉴前人研究成果的基础上,总结一套相对全面、通用的物质流评价指标体系(见表 2 - 1)。

系统总体指标是对系统总体输入输出情况的一个描述,是系统中各物质流动的状态反映,主要包括输入指标和输出指标两部分。输入指标即直接物质投入指标,包括原材料投入量、水资源投入量以及能源的投入情况;输出指标即物质排放及产出情况,包括废弃物排放量和产品产出量。

系统衡量指标是对系统中各物质流动状态的量化,反映各物质使用及消耗情况,主要包括资源指标和环境指标。

通过指标计算,衡量当前产品生产过程中物质投入产出情况和循环使用情况,为企业过程改进提供建议和指导。

表 2 – 1   **物质流评价指标体系**

系统总体指标：

指标类别	具体指标	说明
输入指标	原材料投入量 M	直接投入系统的各种原材料（不包含水、能源）
	水资源投入量 H	直接投入系统的水资源总量
	能源投入量 E	直接投入系统的煤、石油、天然气等
输出指标	废弃物排出量 R	包括可回收利用和不可回收利用两部分
	产品产出量 P	系统各个过程工序产出的产品总量

系统衡量指标：

目标层	准则层	指标层	单位	符号表示
减量化	资源指标	资源消耗总量 （Total Resource Consumption）	吨	TRC
		原材料单耗 （Raw Material Consumption Per Unit of Product）	吨/吨	RMCU
		辅助材料单耗 （Auxiliary Materials Consumption Per Unit of Product）	吨/吨	AMCU
		新鲜水单耗 （Fresh Water Consumption Per Unit of Product）	吨/吨	FWCU
	环境指标	固体污染排放量 （Solid Pollution Emission）	吨	SPE
		液体污染排放量 （Liquid Pollution Emission）	吨	LPE
		气体污染排放量 （Gas Pollution Emission）	吨	GPE
		单位产品污染物排放量 （Pollution Emission Per Unit of Product）	吨/吨	PEPU
资源化	资源指标	物料循环利用率 （Material Recycling Rate）	%	MRR
		水资源重复利用率 （Waste Reused Rate）	%	WRR
	环境指标	固体污染排放降低率 （Solid Emissions Reduction Rate）	%	SERR
		液体污染排放降低率 （Liquid Emissions Reduction Rate）	%	LERR
		气体污染排放降低率 （Gas Emissions Reduction Rate）	%	GERR

考虑到工业过程较为复杂，因此，企业可根据具体过程的特点，选取相应的对过程影响较大的部分关键因素指标进行分析；考虑到企业可能存在的部分数据测量准确度低以及数据缺失问题，可利用静态指标分析，根据过程进行数据估算以及数据准确度评估，有效地降低整个指标分析过程中的不准确度；静态指标分析无须考虑过程内部的物质流动，即物质如何流动不会影响到指标分析的结果，降低了动态因素对分析结果的影响；同时，在后续的研究中，可相应的结合动态指标对过程进行分析，使分析结果能够更好地服务于企业的发展。

2.6　镁盐深加工生产系统的静态物质流分析

青海是一个化工资源大省，西部大开发战略实施十几年来，青海省化学工业积极开发盐湖资源，大力发展盐湖化工行业。这里的盐湖资源以钾（K）、镁（Mg）、钠（Na）、硼（B）、锂（Li）五大类元素为主体，目前，盐湖化工行业依托于钾肥生产为主要模式，而盐湖中的钾和镁是紧密共生的，在钾肥生产中每吨氯化钾产品，可副产 8 ~ 10 吨氯化镁老卤。早期生产时，就地排放老卤，造成企业周围老卤泛滥[123]。这样不仅使盐湖资源得不到充分利用，同时也增加了环境负担。因此，综合利用提钾后老卤中的巨大镁资源，延伸镁资源开发的产业链，增加产品的附加值已引起国家相关部门和盐湖化工类企业的高度重视。各企业在开采盐湖资源从事生产的同时，逐渐开始关注盐湖资源的综合利用和盐湖产业的可持续发展，努力实现经济与环境双赢模式。

通过调研柴达木盆地某盐湖化工企业循环经济的实施状况，对企业的生产过程，进行深入分析。该企业以钾肥生产为主要业务，生产钾肥后的滤液主要成分是富含锂、硼、镁的老卤，老卤通过硫酸酸化生产硼酸，从提取硼酸后的母液中可以回收锂，回收锂之后得到的是含有氧化镁的料浆（称为粗氧化镁料浆）。对粗氧化镁料浆进行不同工艺处理，可以得到品质不同的镁盐产品，同时对环境产生的影响也有差别。以下给出盐湖化工企业延伸产业链镁盐深加工产品的生产工艺过程，如图 2 - 5 所示。

資源循環型生産過程的物質流建模与仿真

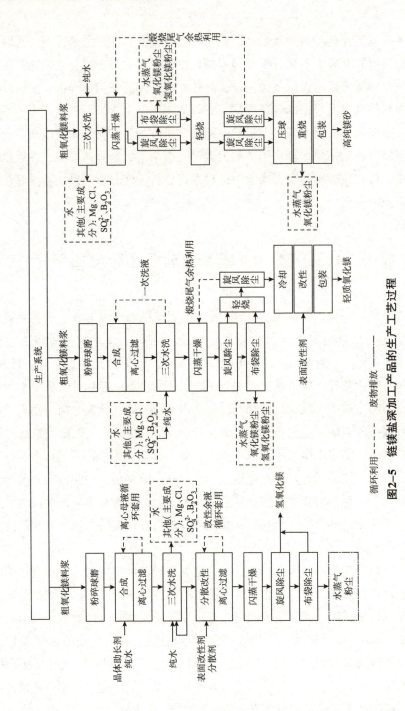

图2-5 链镁盐深加工产品的生产工艺过程

循环利用 ------ 废物排放 ———

34

2.6.1 镁盐深加工生产系统的物质流分析框架

结合盐湖化工企业镁盐深加工的生产工艺，运用物质流分析方法，确定以上游氯化钾生产系统向镁盐深加工生产系统输入原材料到生产加工成产品，同时向环境系统排放各类污染物为研究范围，本文构建出适合该企业镁盐深加工生产系统的物质流分析研究框架，如图 2-6 所示。

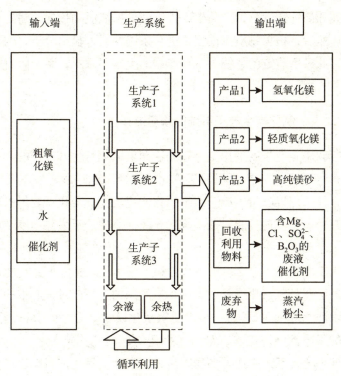

图 2-6 适合企业的物质流分析研究框架

从图 2-6 中可以看出，镁盐深加工生产系统物质流分析框架从输入端、生产系统和输出端三个部分进行了框定。输入端主要输入的物料有粗氧化镁料浆、水和催化剂等；生产系统主要包括氢氧化镁、轻质氧化镁和高纯镁砂三个子系统，系统内工序间存在余液、余热的循环利用；输出系统外的主要是对应的三种产品和可回收利用的母液以及蒸汽、粉尘等废弃物。只从分析框架来看，三个子系统输入输出的物质流类型相似，三者在物质流利用情况方面的具体区别，则需要进一步通过物质流分析模型给出比较分析与评价。

2.6.2　物质流分析模型及物料平衡账户的构建

结合图 2-5 中镁盐深加工生产系统的工艺过程，分别研究氢氧化镁、轻质氧化镁和高纯镁砂三种产品生产工艺间的物质流动情况，建立相应的物质流模型。然后，根据物质流模型，进行系统的输入输出分析，构建物质平衡账户。因此，所研究的系统为三种产品的生产子系统，系统的时间范围为1年。

2.6.2.1　氢氧化镁生产子系统的物质流模型

按照所调研企业年度平均生产数据绘制氢氧化镁生产过程的物质流桑基图，如图 2-7 所示。图中已根据氢氧化镁生产工艺过程对各单元进行了适当的简化合并，用以分析生产子系统中物质流情况。简化后的氢氧化镁子系统共有粉碎球磨、合成过滤、三次水洗、改性过滤、干燥除尘以及母液回收处理 6 道工序单元。其中，工序 1~5 为产品生产主工序，从原材料粗氧化镁料浆流入工序 1 经工序 2、3、4，直到工序 5，这是企业生产过程的基准物质流。最终产品氢氧化镁是在工序 5 中产出的。生产过程产生的废物和副产主要是水洗滤液（可回用）、蒸汽、氢氧化镁粉尘等。图中彩色箭头表明了物质流的不同类型和流向，箭头上标记为各股物质流的名称与流量，其中，由从外界流入系统中的外加物质流，分别为粗氧化镁料浆原料流、晶体助长剂、新鲜水、表面改性剂和分散剂等辅料流；由系统中某工序直接流向外界的物质流，有氢氧化镁主产品流、废弃物流蒸汽和粉尘，以及可回用于其他车间的纵向循环流水洗滤液；由下游工序返回上游工序的物质流，或由某工序末端返回该工序始端的物质流，有离心母液和改性余液的横向循环流，横向循环流属于内部消耗，不计入物料平衡核算。

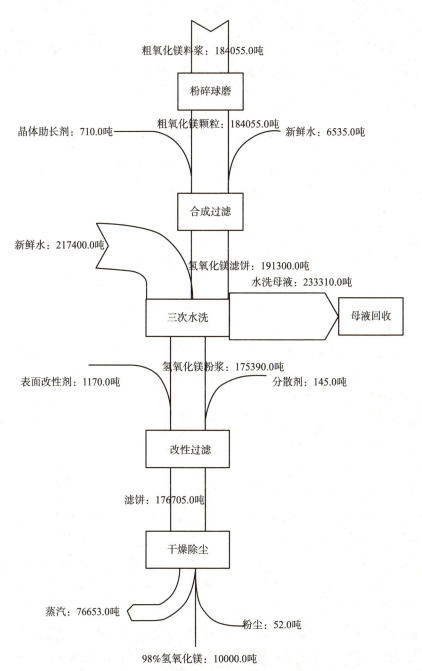

粗氧化镁料浆：184055.0吨

粉碎球磨

晶体助长剂：710.0吨   粗氧化镁颗粒：184055.0吨   新鲜水：6535.0吨

合成过滤

新鲜水：217400.0吨

氢氧化镁滤饼：191300.0吨

水洗母液：233310.0吨

三次水洗   母液回收

氢氧化镁粉浆：175390.0吨

表面改性剂：1170.0吨   分散剂：145.0吨

改性过滤

滤饼：176705.0吨

干燥除尘

蒸汽：76653.0吨   粉尘：52.0吨

98%氢氧化镁：10000.0吨

图 2 − 7　氢氧化镁生产系统物质流桑基图

（1）各工序单元的物质流分析。

粉碎球磨工序。粉碎球磨工序是对原料的预处理，主要将大块物料进行破碎。企业年均共消耗粗氧化镁料浆 184055 吨，粉碎之后的粉状物料经皮带传送进入水合反应釜。

合成过滤工序。水合反应釜中，粉状粗氧化镁物料在晶体助长剂的作用下按 28.2∶1 的料水比例进行水合反应，然后，将反应后得到的产物送至离心机进行分离，冷母液自流进母液槽，滤饼则落至洗涤配浆槽。该工序新鲜水年消耗量为 6535 吨，晶体助长剂年消耗量为 710 吨。

三次水洗工序。将氢氧化镁滤饼放置搅拌槽中，并向搅拌槽内注入新鲜洗涤水，完成一次氢氧化镁洗涤压滤。然后重复进行二次洗涤压滤、三次洗涤压滤，用以提高氢氧化镁产品的纯度。在此过程中水洗液作为补充水可套用于上一步水洗工序，最后分离出的水洗母液送往回收处理工序。该工序新鲜水年消耗量为 217400 吨，年排放水洗母液等废水 233310 吨。

改性过滤工序。在分散改性装置中加入分散剂与表面改性剂，改变此时氢氧化镁的颗粒大小、聚集状态和表面活性等方面。然后再由离心泵泵入压滤机进行压滤，得到纯度较高的氢氧化镁滤饼。此工序要分别消耗表面改性剂和分散剂年均 1170 吨和 145 吨。过程中产生的改性余液可循环套用，不向外界排放。

干燥除尘工序。压滤机出来的中间产品先进入干燥窑进行干燥，然后产品在水分达到要求时被气体从干燥窑中心处带出，进入旋风除尘器进行气固分离。由于旋风除尘器对细小尘粒的去除效率比较低，所以需将除下来的一部分未达要求的氢氧化镁粉尘进一步送入布袋除尘器进行过滤净化。该过程是氢氧化镁生产子系统连续生产的末道工序，年均产出氢氧化镁产品为 98000 吨，副产为表面改性剂和分散剂分别是 1170 吨、145 吨，水分 300 吨，其他物质 385 吨，废气中包括蒸汽 76653 吨和粉尘 52 吨。

母液回收处理工序。三次水洗工序排出的水洗母液中含有镁、氯、硫酸根、氧化硼等成分，经回收后可作为工业用水返回碳酸锂生产车间，用于碳酸锂产品的生产。企业该生产系统年产生可回收利用的水洗母液 233310 吨。

（2）系统物料平衡账户。

按照建立的物质流模型（图 2-7），对氢氧化镁生产过程进行输入输出分析，构建相关的物料平衡账户，理清输入、输出该生产子系统的原料、产品、副产品和废弃物的种类及数量，为下一步评估和量化生产活动的资源投入、产出和资源利用效率提供分析基础。表 2-2 是该企业氢氧化镁生产子系统的年度物料平衡账户。

表 2-2　　　　　　　　氢氧化镁生产系统的物料平衡账户

输入（R）				输出（O）					内部循环量（吨）	
物质类型	名称	数量（吨）	比值（公斤/吨）	物质类型	名称		数量（吨）	比值（公斤/吨）		
原料	粗氧化镁料浆	184055	448.90	产品	氢氧化镁		98000	239.02	水洗液	170255
	晶体助长剂	710	1.73	副产	表面改性剂		1170	2.85		
	表面改性剂	1170	2.85		分散剂		145	0.35		
	分散剂	145	0.35	废弃物	废液	水	300	1.67	改性余液	18705
辅料	新鲜水资源	223935	546.17			其他	385			
					蒸汽		76653	186.95		
					粉尘		52	0.13		
				循环物质	可回用母液	水	229514	569.03		
						其他	3796			
合计		410015	1000				410015	1000		188960

由表 2-2 可见，该企业氢氧化镁生产系统全年输入的物料共 5 类，总量为 410015 吨。在这些输入的物料中粗氧化镁料浆和新鲜水资源占全部输入物料的 99.5%，且新鲜水资源的消耗最多，占输入物料的 54.6%。该生产子系统全年输出的物料共 8 种，主要是氢氧化镁产品，其余则为废品，他们的输出量占全部输出物料的 76.1%，比例很大。在这些废品中，占 75% 左右的含 Mg^{2+}、SO_4^{2-}、Cl^- 的水洗母液可供企业回收利用到其他车间，但蒸汽、氧化镁粉尘、含有微量其他元素的废液却作为废弃物排放到环境中。另外，水洗液和改性余液作为内部循环物质，继续回收利用到生产中，物质的内部循环对整个生产系统的物料平衡不会产生影响。

2.6.2.2　轻质氧化镁生产子系统的物质流模型

根据图 2-4 中轻质氧化镁生产系统的物质流桑基模型，对各单元进行适当简化与合并之后，得到的轻质氧化镁生产子系统共有合成过滤、三次水洗、干燥除尘、轻烧除尘、冷却改性以及母液回收处理六道工序单元，绘制物质流桑基图如图2－8所示。输入原材料粗氧化镁料浆流经各个工序，最后加工成产品轻质氧化镁。在此过程中，由从外界流入系统中的外加物质流，分别为粗氧化镁料浆原料流，新鲜水和表面改性剂等辅料流；由系统中某工序直接流向外界的物质流，有轻质氧化镁主产品流、废弃物流蒸汽和氧

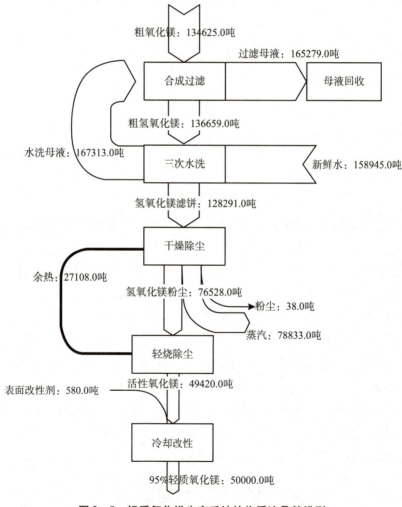

图2－8　轻质氧化镁生产系统的物质流桑基模型

化镁、氢氧化镁混合粉尘，以及可回用于其他车间的纵向循环流水洗母液；由下游工序返回上游工序的物质流，或由某工序末端返回该工序始端的物质流，有三次水洗单元的余液和轻烧除尘单元的尾气余热。

（1）各工序单元物质流分析

合成过滤工序。该工序的目的是通过水合反应得到中间产品氢氧化镁，离心过滤后，氢氧化镁进入下一道工序，过滤母液则回用于钾肥生产车间。企业 50000 吨产能的轻质氧化镁项目，年消耗粗氧化镁料浆约 134625 吨，产生的可回收利用母液约 165279 吨。

三次水洗工序。通过该工序得到的是纯度进一步提高的氢氧化镁滤饼。此过程年消耗新鲜水 158945 吨，水洗余液可以作为补充水在工序内部和返回水化合成工序进行循环利用。每年水洗余液循环利用可达 167313 吨。

干燥除尘工序。该工序经过"旋风 + 布袋"除尘除下来的氢氧化镁粉尘需要进一步送入轻烧工段进行煅烧。排放的废气中，年均蒸汽 78833 吨，氧化镁粉尘 7 吨，氢氧化镁粉尘 31 吨。

轻烧除尘工序。氢氧化镁粉末在回转窑中经过轻烧工艺处理，得到活性氧化镁的气固混合物，再经过旋风除尘后，除下来的活性氧化镁粉尘进行冷却，除尘后的尾气一方面可以作为热源用于闪蒸干燥工序，另一方面尾气中还掺杂的氧化镁粉尘通过进一步干燥除尘达到了循环利用。年均利用的余热为 27108 吨。

冷却改性工序。活性氧化镁经过冷却与改性处理后，即可得到轻质氧化镁产品。该工序年消耗表面改性剂 580 吨，成品年产量为 50000 吨，其中轻质氧化镁 47500 吨，可处理回收表面活性剂 580 吨，水分 100 吨，其他物质 1820 吨。

母液回收处理工序。合成过滤工序分离出的水相中含有镁、氯、硫酸根、氧化硼等成分，经回收后可作为工业用水返回钾肥生产车间，用于钾肥产品的生产。企业该生产系统年产生可回收利用的母液 165279 吨。

（2）系统物料平衡账户

根据各工序物质流分析结果，给出轻质氧化镁生产子系统的年度物料平衡账户如表 2 - 3 所示。从表中可以看出该系统输入输出的原料、产品和废弃物的种类及分布与氢氧化镁生产子系统的基本相似，这是因为轻质氧化镁是在得到氢氧化镁的基础上，再经过工艺过程处理得到的，所以该生产系统的物质消耗和产出只是根据生产计划在数量上有一定的差别，这里不再赘述。

表 2-3 轻质氧化镁生产系统的物料平衡账户

物质类型	输入（R）			物质类型	输出（O）				内部循环量（吨）	
	名称	数量（吨）	比值（公斤/吨）		名称		数量（吨）	比值（公斤/吨）		
原料	粗氧化镁料浆	134625	457.68	产品	轻质氧化镁		47500	161.48	一次洗液	167313
	表面改性剂	158945	540.35	副产	表面改性剂		580	1.97		
辅料	新鲜水	580	1.97	废弃物	废液	水	100	6.53	余热利用	27108
						其他	1820			
					蒸汽		78833	268.00		
					粉尘		38	0.13		
				循环物质	可回用母液	水	164136	561.89		
						其他	1143			
	合计	294150	1000				294150	1000		194421

2.6.2.3 高纯镁砂生产子系统的物质流模型

由高纯镁砂生产工艺过程，将高纯镁砂生产子系统简化合并为五道工序单元，分别为三次水洗、干燥除尘、轻烧除尘和压球重烧，以及母液回收处理，绘制该系统物质流模型如图 2-9 所示。原材料粗氧化镁料浆逐步经过各道工序，最后加工为产成品高纯镁砂。从模型中可看出，该生产子系统的物质流较另外两个的简单，从外界输入过程中某工序的物质流只有新鲜水资源；可回用于其他企业或车间的物质流仍然为可作为其他生产单元工业用水的水洗母液；由过程中途某工序流向外界的物质流，为蒸汽、氧化镁与氢氧化镁混合粉尘；由下游工序返回上游工序的物质流为尾气余热。

（1）各工序单元物质流分析

三次水洗工序。水洗工序是三种产品生产过程中进行提纯的必经工序，所以，高纯镁砂的第一道工序是对粗氧化镁进行除杂提纯，年均消耗粗氧化镁料浆 136210 吨，新鲜水 155620 吨。

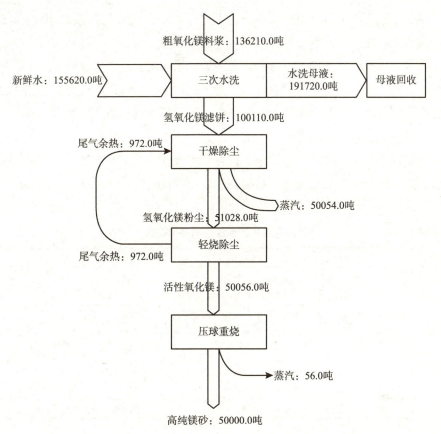

图 2 - 9 高纯镁砂生产系统的物质流模型

干燥除尘工序。干燥除尘工序分为闪蒸干燥与旋风加布袋除尘两个部分。这一工序部分年均产生废弃物分别为蒸汽 50028 吨和氢氧化镁、氧化镁混合粉尘 26 吨。

轻烧除尘工序。这一阶段主要是在较低温度下焙烧上一工序的氢氧化镁和氧化镁混合粉尘，使其完成一部分反应并活化。轻烧单元的尾气经二级旋风除尘，除下来的氧化镁粉尘作为原料送入压球单元，尾气最为热源用于闪蒸干燥工序。年回收利用尾气为 972 吨。

压球重烧工序。该工序分为压球和重烧两个工段。压球是为了将氧化镁粉料压制成型，然后，进入高温竖窑煅烧加热至 1400 ~ 1800℃至水（H_2O）或二氧化碳（CO_2）完全逸出，氧化镁球块形成方镁石致密块体，即产成品高纯镁砂，年产生量为 50000 吨。该工序年均产生废弃物为蒸汽 50 吨和氧化镁粉尘 6 吨。

母液回收处理工序。三次水洗工序后分离出的水洗液中含有镁、氯、硫酸根、氧化硼等成分，经回收后可作为工业用水返回钾肥生产车间，用于钾肥产品的生产。企业该生产系统年产生可回收利用的母液 191720 吨。

（2）系统物料平衡账户

根据各工序物质流分析结果，进行高纯镁砂生产子系统物料平衡核算分析，以系统年生产情况为例，结果如表 2-4 所示。

表 2-4　　　　　　　　高纯镁砂生产系统的物料平衡账户

物质类型	输入（R）			物质类型	输出（O）				内部循环量（吨）
	名称	数量（吨）	比值（公斤/吨）		名称		数量（吨）	比值（公斤/吨）	
原料	粗氧化镁料浆	136210	466.74	产品	高纯镁砂		50000	171.33	余热利用 972
辅料	新鲜水	155620	533.26	废弃物	蒸汽		50078	171.60	
					粉尘		32	0.11	
				循环物质	可回用母液	水	189348	656.96	
						其他	2372		
	合计	291830	1000				291830	1000	972

2.6.3　三种产品生产过程物质流利用情况的对比分析

2.6.3.1　盐湖化工企业物质流分析指标的选取

结合盐湖化工企业循环经济建设的特点和对其生产系统的物质流特征分析，在给出的通用物质流分析指标体系下，选取能客观衡量盐湖化工企业物质流利用情况的指标来进行评价分析，以识别限制企业资源利用效率的生产环节，评估各生产系统污染物的排放情况。

从对盐湖化工企业三种产品的生产系统进行可视化建模以及输入输出分析可以看出，盐湖化工企业生产对盐湖卤水资源比较依赖，主要靠输入新鲜水进行合成反应与产品提纯，所以，在指标选取中，水资源消耗应给予重点参考。而生产系统向环境的排放主要夹杂着粉尘的蒸汽以及最后产出带来的少量废液，换句话说，蒸汽是该盐湖化工企业的主要环境排放，所以，这里不再分别按照气、液、固三种状态进行独立统计，统一进行环境效率评价。基于以上分析，并从输入端、循环过程、输出端来考虑，将盐湖化工企业物质流分析指标确定为资源消耗指标、物质循环指标和环境指标三个方面。各指标具体表述如下：

（1）资源消耗指标

一般情况下，生产单位产品对资源的消耗程度可以从一定程度上反映一个企业的生产技术与管理水平。相同条件下，单位产品的资源消耗量越高，对环境的影响越大。盐湖化工企业是耗水大户，消耗的辅助材料主要是水，还有一些催化剂，为了准确考察企业对水资源的消耗，将消耗量远小于原材料和水资源消耗的催化剂归并到原材料类里，主要设置原材料单耗和水资源单耗两个指标来对盐湖化工企业的资源消耗情况进行考察。

原材料单耗是指在统计期内输出单位产品所消耗的原材料量。计算公式如下：

$$\gamma = \frac{\sum\limits_{i=1}^{n} R_i}{P} \qquad (2-4)$$

式中　γ——原材料单耗，吨/吨；

　　　P——企业生产的产品量，吨；

　　　R_i——企业生产 P 吨产品输入的各种原材料量，吨，这里不包括回收资源。

水资源单耗是指在统计期内企业生产单位产品消耗的新鲜水资源。计算公式如下：

$$\sigma = \frac{R_w}{P} \qquad (2-5)$$

式中　σ——水资源单耗，吨/吨

　　　R_w——企业生产 P 吨产品输入的新鲜水资源量，吨，这里不包括二次利用的水资源。

（2）物质循环指标

物质循环指标可以从物料循环利用率和水资源重复利用率两个方面来考虑。

物料循环利用率是指未进入目标产品的废料可以供下游企业或其他工序再利用的数量占总的废弃物数量的百分比，这里的可循环再利用的资源主要是生产过程中水洗或过滤后留下的含有 Mg^{2+}、Cl^-、SO_4^{2-}、B_2O_3 的母液，其计算公式为：

$$\eta = \frac{\sum\limits_{j=1}^{r} W_j}{\sum\limits_{i=1}^{n} W_i} \qquad (2-6)$$

式中　　η——物料循环利用率，%；

　　　　W_i——企业生产 P 吨产品输出的 n 种废弃物中的第 i 中废弃物，吨（n 种废弃物中包括可回收再利用的废料）；

　　　　W_j——企业生产输出的 n 种废弃物中可供下游企业或工序再利用的 r 种废料量，吨。

水资源重复利用率是指企业排放的可以作为工业用水再次投入其他工序或企业加以利用的废水量占企业生产 P 吨产品投入的新鲜水资源总量的百分比。

$$\varphi = \frac{W_\omega}{R_\omega} \qquad (2-7)$$

式中　　φ——水资源重复利用率，%；

　　　　R_w——企业生产 P 吨产品输入的新鲜水资源总量，吨；

　　　　W_ω——企业排放的可以作为工业用水再次加以利用的废水量，吨。

（3）环境指标

环境效率是指单位污染物排放量对应的产品量，是从输出端对污染物排放强度进行考察。环境效率越高，说明在较少污染物排放的情况下，生产的产品越多。计算公式如下[46]：

$$\varepsilon = \frac{P}{\sum\limits_{i=1}^{n-r} W_i} \qquad (2-8)$$

式中　　ε——环境效率，吨/吨；

　　　　W_i——企业生产 P 吨产品输出的（n−r）种废弃物的第 i 种废弃物，吨。

2.6.3.2 三个生产子系统的物质流分析指标计算

①氢氧化镁生产子系统根据上一节的物料平衡表，氢氧化镁生产子系统主要物料输入分别是：粗氧化镁料浆 184055 吨和新鲜水资源 223935 吨，输出的物料分别是主产品氢氧化镁 98000 吨、可回用母液 233310 吨，各种废弃物：不可回用废液 685 吨、蒸汽 76653 吨和粉尘 52 吨。根据公式 2.9、2.10、2.11、2.12、2.13 分别计算该生产子系统的原材料单耗 γ_1、新鲜水资源单耗 σ_1、资源循环利用率 η_1、水资源重复利用率 ϕ_1 和环境效率 ε_1，得到：

$$\gamma_1 = \frac{184055}{98000} = 1.878 \text{ 吨/吨} \qquad (2-9)$$

$$\sigma_1 = \frac{223935}{98000} = 2.285 \text{ 吨/吨} \qquad (2-10)$$

$$\eta_1 = \frac{233310}{300 + 385 + 233310 + 76653 + 52} \times 100\% = 75.1\% \qquad (2-11)$$

$$\varphi_1 = \frac{229514}{223935} = 102.5\% \qquad (2-12)$$

$$\varepsilon_1 = \frac{98000}{300 + 385 + 76653 + 52} = 1.266 \text{ 吨/吨} \qquad (2-13)$$

②轻质氧化镁生产子系统该生产子系统的主要物料输入为粗氧化镁料浆 134625 吨、新鲜水资源 158945 吨，输出的物料为主产品轻质氧化镁 47500 吨、可回用母液 165279 吨、不可回用废液 1920 吨、蒸汽和粉尘分别为 78833 吨和 38 吨，计算四项指标 γ_2、σ_2、η_2、φ_2、ε_2 分别如下：

$$\gamma_2 = \frac{134625}{47500} = 2.834 \text{ 吨/吨} \qquad (2-14)$$

$$\sigma_2 = \frac{158945}{47500} = 3.346 \text{ 吨/吨} \qquad (2-15)$$

$$\eta_2 = \frac{165279}{100 + 1820 + 165279 + 78833 + 38} \times 100\% = 67.2\% \qquad (2-16)$$

$$\varphi_2 = \frac{164136}{158945} = 103.3\% \qquad (2-17)$$

$$\varepsilon_2 = \frac{47500}{100 + 1820 + 78833 + 38} = 0.588 \text{ 吨/吨} \qquad (2-18)$$

③高纯镁砂生产子系统该生产子系统的主要物料输入为粗氧化镁料浆136210 吨、新鲜水资源 155620 吨，输出的物料为主产品轻质氧化镁 50000吨、可回用母液 191720 吨、蒸汽和粉尘分别为 50078 吨和 32 吨，那么，通过计算可得 γ_3、σ_3、η_3、ϕ_3、ε_3 分别为：

$$\gamma_3 = \frac{136210}{50000} = 2.724 \text{ 吨/吨} \tag{2-19}$$

$$\sigma_3 = \frac{155620}{50000} = 3.112 \text{ 吨/吨} \tag{2-20}$$

$$\eta_3 = \frac{191720}{191720 + 50078 + 32} \times 100\% = 79.3\% \tag{2-21}$$

$$\varphi_3 = \frac{189348}{155620} = 121.7\% \tag{2-22}$$

$$\varepsilon_3 = \frac{50000}{50078 + 32} = 0.998 \text{ 吨/吨} \tag{2-23}$$

2.6.3.3 三个生产子系统的对比分析及对策

根据计算的三个生产子系统的物质流分析指标值，可得到如图 2-10 所示的反映三个生产子系统循环经济状况的对比分析图。因为原材料单耗、新鲜水资源单耗和环境效率有统一的量纲（吨/吨），而物料循环利用率与水资源重复利用率是百分比，没有量纲，所以这里将原材料单耗、新鲜水资源单耗和环境效率的归在一起给出比较分析图、将物料循环利用率与水资源重复利用率归在一起给出比较分析图。从图 2-10 中可以看出来，氢氧化镁生产子系统中每单位产品的原材料消耗和水资源消耗是最少的，且环境效率值相对其他两个子系统最高；高纯镁砂生产子系统次之；轻质氧化镁生产子系统原材料和水资源的消耗最高，环境效率却是最低的。由此可见，在轻质氧化镁的生产过程中，原材料消耗严重，且由此带来的环境问题比较突出。主要原因在于该生产子系统的资源循环利用率较低，仅有 67.2% 的余液可以回用于其他工序或企业，余下的 32.8% 未被利用，排入环境，相比另外两个子系统排入环境的废物分别高出 12.1% 和 7.9%，致使该产品生产系统的资源消耗量较高，环境效率较低。

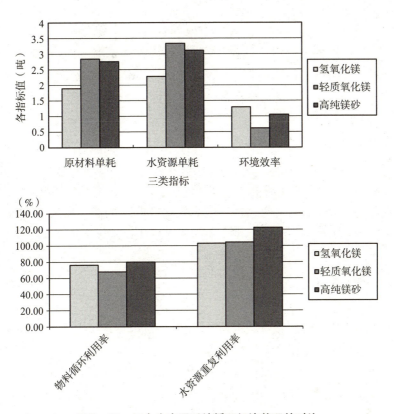

图 2－10　三个生产子系统循环经济状况的对比

在该企业的生产过程中，回收利用的母液只是作为辅料再次投入到生产环节，并未从根本上减少原材料的输入，这也是三个生产子系统中物质循环利用方面存在的共同问题。循环经济的"3R"原则中第一条是减量化原则，即要用较少的原料和能源投入达到计划的生产目标，从经济活动的源头就要减少资源消耗和污染排放。所以，若能改进生产工艺，提高对回收资源的利用，保证回收利用资源可以代替部分原材料投入生产，则可以实现资源消耗的减少和环境效率的提高。

另外，化工企业的耗水量大，同时对水资源的污染也较严重。从图 2－10 中可看出盐湖化工企业对新鲜水资源的消耗明显高出其他原料的消耗，在所有输入物料中的比重超过 50%。水资源重复利用率之所以超出 100%，是盐湖化工企业的生产特性作用的结果。因为在生产过程中投入的原料介于固液形态之间，经过生产工序中的过滤、干燥处理，原料中的水分也随之排出，导致三种产品的水资源重复利用率都超出 100%。在此仅作为一项参考，并不一定说明企业对水资源的回收效率高。

那么，如何才能实现水资源综合利用的循环经济模式呢？根据化工行业的特点，其用水环节主要是工艺用水、锅炉用水和冷却用水。所以，可通过采取以下 4 项措施达到一定的循环利用效果[124]：采用节水新工艺，主要包括改变生产原料、生产工艺和设备以及用水方式，进行源头削减；对产生蒸汽进行冷凝回收，减少锅炉用水；采用空气冷却代替水冷或汽化冷却技术，减少冷却用水，或者对冷凝水进行简单处理，使其可循环利用；实现水资源在工序间的梯级利用，对废水进行深度处理使其水质达到回用标准等。

2.6.4　案例小结

本案例所解决的问题就是将物质流分析模型的构建方法应用到具体盐湖化工企业镁盐深加工生产系统的物质循环过程研究中，并对企业的物质流利用情况做出准确估算。根据镁盐深加工生产系统的生产数据资料，对该企业的氢氧化镁、轻质氧化镁和高纯镁砂三个生产子系统分别构建了物质流分析模型，给出相应的物料平衡账户，并根据盐湖化工企业的特点选取适合的物质流分析指标、计算指标值，对该企业的三个生产子系统进行比较，找出物质流利用情况仍存在不足的生产环节和三种产品工艺中存在的一些共性问题。以此为基础，提出了企业需要提高原材料利用效率，增加可回收利用的资源量，从而降低对自然资源的依赖程度；以及通过 4 项节水措施，实现对水资源的综合利用等建议。

第 3 章

资源循环型生产过程的动态 SFA 反馈建模

在物质流动态研究方面，国内学者做了很多尝试和探索，主要集中于国家和区域层面，对企业也有研究，但由于企业环境和影响因素不同，衡量指标无法统一，一直没有形成一套完整的理论。本章在静态物质流分析基础上，研究过程中物质流的动态流动特性，在可能存在积累效应的情况下，深入研究反馈理论，讨论不同角度下反馈对过程的作用，最后从经济和环境角度着手，将反馈理论中的主反馈理论运用到过程中，深入剖析过程中物质流动特性，识别对过程造成影响的关键点，为企业改进生产提供有效的解决思路和办法。

3.1 动态 SFA 研究框架

动态 SFA 是对物质流动的过程进行研究，关注的是物质流随时间的变化，而静态只是对物质流动的结果进行分析，关注的是流的路径、现状等问题[125]。可以认为，动态 SFA 模型与静态 SFA 的区别即物质在过程工序中的积累效应。

从系统整体上来看，一个周期内，物质输入输出遵守质量守恒定律。但在某一特定时间内，系统中某一过程单元的物质流动状态和另一过程单元中物质流动态状态不一定是同步的，即在产品生产周期中某一段时间内，工序与工序间的工作状态不完全一致，如当过程工序 A1 处于正常工作状态，它的下一工序 A2 处于停滞状态，则物质在工序 A2 处就出现了积累现象。

物质流的积累效应是指随着时间的推移在所选节点处某物质产生的累积现象及其对整个系统中物质流动情况的影响[125]。

在过程单元有物质的积累现象出现时，动态元素流可将积累效应考虑到分析中去，根据测定的数据对物质进行动态分析，静态物质流分析则难以满足此类分析需求。图 3 – 1 是建立在静态物质流研究框架基础上的动态物质流研究框架，箭头表示物质流动状态，本章主要对箭头流动的过程进行研究。

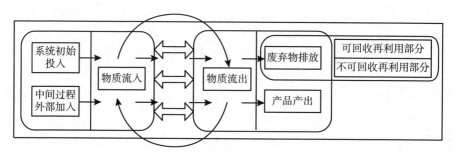

图 3 – 1　动态物质流研究框架

3.2　动态 SFA 仿真模型构建

从上述研究框架中可以看出，在系统整体层面之上又对系统内部做了分析。框架最左侧为系统初始投入的量和中间过程外部加入的量，这两部分都是可以通过人为因素加以控制的，实际生产过程中，可通过对这两部分投入量的控制，从而达到对过程整体的控制，但如何控制需要有一个衡量的标准。我们知道，影响系统产品输出量的因素很多，对于企业来说，市场需求是必须要考虑的因素，除此之外，产品产出还受原材料供应等因素的影响。本节要对物质流进行动态建模，探讨物质在动态模型下的具体状态，从而找出控制投入产出的建议及可行方案。

基于动态物质流研究框架，对过程型制造业的生产过程进行分析，在静态基础上，对物质流动状态进一步建模，如图 3 – 2 所示。

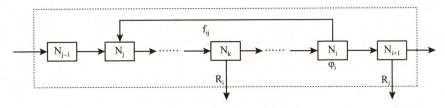

图 3 - 2　动态 SFA 仿真模型

节选系统中部分过程单元，建立物质流动态仿真模型，具体参数如下：

N_x 为选定的生产过程框架节点；

R_i 表示从系统流出的废弃物；

f_{ij} 表示物质流框架中第 i 个节点流入第 j 个节点的物质流量。

需要注意的是，在参数 f_{ij} 中：

当 i = j 时，i、j 在系统过程单元数范围内取值，为物质流节点内部循环；

当 i = 0，j = 1 时（即 f_{01}），表示第 0 个节点流向第 1 个节点的物质流量，即为系统初始投入量；

当 i > j 时，i、j 在系统过程单元数范围内取值，且均不为零，为物质流节点逆向循环；

当 i < j 时，i、j 在系统过程单元数围内取值，且均不为零，为物质流节点正向循环。

同时，本章将输出部分分为产品产出和废弃物排放两部分，分别用 P 和 R 来表示，产品产出部分在下一节将有详细阐述。

其中，在静态参数基础上，该动态仿真模型新增的系统参数如下：

x_i：为系统内第 i 个节点的流量变化量；

φ_i：为系统内第 i 个节点的物质积累量。

在只针对过程中某中间环节进行分析，不考虑过程中最后产品产出这一过程单元的情况下，系统内第 i 个节点的流量变化量的值应等于从节点 i 流向节点 j 的流量值、从节点 i 流出的废弃物的值以及上一状态下节点 i 的物质积累量的和，用等式表达即：

$$x_i = \sum_{i=1}^{n} f_{ij} + R_i + \overline{\varphi_i} \qquad (3-1)$$

用 α_{ij} 表示流量 f_{ij} 在某节点总流量变化量中所占的比例，则：

$$f_{ij} = \alpha_{ij} \cdot x_i \qquad (3-2)$$

i，j 为正整数；

用 β_{ij} 表示物质积累变化量 $\overline{\varphi_i}$ 在总流量变化量中所占的比例，则：

$$\overline{\varphi_i} = \sum_{i=1}^{n} \beta_{ij} \cdot x_i \qquad (3-3)$$

i，j 为正整数。

当物质积累量规模上升，即物质在某环节的贮存量增加，认为物质积累量为 $\overline{\varphi_{i+}}$；当物质积累量规模下降，即物质在某环节的贮存量减少，认为物质积累量为 $\overline{\varphi_{i-}}$，则有：

$$\overline{\varphi_i} = \begin{cases} \overline{\varphi_{i+}} & \beta > 0 \\ \overline{\varphi_{i-}} & \beta < 0 \end{cases} \qquad (3-4)$$

当某过程单元中物质积累量增加，表明该单元中物质输入大于输出，可认为物质流动状态为流入；当某过程单元中物质积累量减少，表明该单元中物质输入小于输出，可认为物质流动状态为流出。

根据以上关系有：

$$x_i = \sum_{i=1}^{n} \alpha_{ij} x_i + R_i + \sum_{i=1}^{n} \beta_{ij} \overline{x_i} \qquad (3-5)$$

令由比例系数 α_{ij}、β_{ij} 组成的系数矩阵为 A、B，流量变化矩阵和物质积累矩阵分门别为：

$$A = \begin{bmatrix} \alpha_{11} & \alpha_{12} & \cdots & \alpha_{1n} \\ \alpha_{21} & \alpha_{22} & \cdots & \alpha_{2n} \\ \vdots & \vdots & \ddots & \vdots \\ \alpha_{n1} & \alpha_{n2} & \cdots & \alpha_{nn} \end{bmatrix} \quad B = \begin{bmatrix} \beta_{11} & \beta_{12} & \cdots & \beta_{1n} \\ \beta_{21} & \beta_{22} & \cdots & \beta_{2n} \\ \vdots & \vdots & \ddots & \vdots \\ \beta_{n1} & \beta_{n2} & \cdots & \beta_{nn} \end{bmatrix}$$

其中 α_{ij}、β_{ij}、$\sum_{i=1}^{n} \alpha_{ij}$、$\sum_{i=1}^{n} \beta_{ij}$ 均介于 $[0, 1]$ 之间。

对式（3-5）进行变形，则有：

$$x = A'x + R + B'\overline{x} \qquad (3-6)$$

$$x = (1 - A')^{-1} (R + B'\overline{x}) \qquad (3-7)$$

在式（3-7）中，当矩阵 $(1 - A')$ 为零时，系统内各个节点的流量变化量 x 为零，即系统中各节点间没有流量通过，是相互独立的，这种情况下，对系统的研究没有实际意义。当矩阵（1 – A′）可逆且不为零时，系统各过程工序间是相互联系的，因此，本文的相关研究是建立在矩阵（1 – A′）可逆且不为零的情况下的。

考虑到生产过程中可能会出现物质积累效应，且物质积累会随时间的变化产生变动，本章将反馈理论引入到模型中，对系统中各过程工序间存在的反馈作用进行研究，找出影响过程中资源流动的因素，从而对模型加以修正，对过程提出改进措施及建议。

反馈是现代科学技术中较为普遍提及的概念之一，在很多领域中都有应用，比较常见的是在信号与系统的自动识别控制中的应用，通过反馈，将系统末端输出反馈到前端（初始输入或中间状态输入），使自动识别目前各个单元所处的状态，更好地对过程进行控制，对过程进行改进。

引入反馈的动态 SFA 模型，能够深入的对系统中的物质积累现象进行分析，以发现物质积累对过程各工序间关系可能存在的影响，从而找出切入点，对整个过程进行人为补偿，也可对未来一段时间内系统内物质流动状态进行预测，为管理者对过程做出控制决策提供理论依据。

3.3 引入反馈的动态 SFA 模型构建

3.3.1 反馈基本原理

在控制理论中，反馈通常指将系统的输出环节返回到输入环节并以某种方式改变输入，从而影响系统整体性能的过程。反馈一般分为主反馈和局部反馈，主反馈是指被控对象通过测量单元反馈到输入端，局部反馈主要指过程中的执行单元对其他执行单元的影响[126]。

本文主要对反馈机制中的主反馈过程进行研究，如图 3 – 3 所示，为系统反馈原理图，图中框内虚线即为反馈过程。

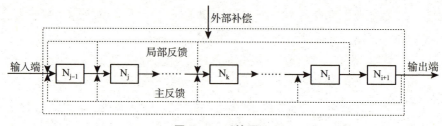

图3-3　反馈原理

该模型将反馈原理中的主反馈应用到特定物质流分析中，把系统输出端反馈到前端各个执行单元。

其中，反馈单元的结构框图如图3-4所示。

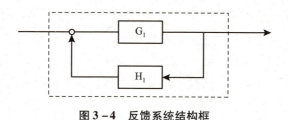

图3-4　反馈系统结构框

图3-4中，虚框为一个反馈，字母表示如下：

G_1：表示系统输入的传递函数；

H_1：表示系统反馈的传递函数。

有反馈机制存在的系统称为反馈系统。反馈系统的反馈形式一般分为两种：线性直接状态反馈和线性非动态输出反馈，即状态反馈和输出反馈[61]。

3.3.1.1　状态反馈

状态反馈的动态结构方程如下：

$$\begin{cases} \overline{x} = Ax + Bu \\ y = Cx \end{cases} \tag{3-8}$$

如果式中所表示系统为 n 维线性定常系统，x、y、u 分别为 n、m、p 维向量，则 A、B、C 分别表示 $n \times n$、$n \times m$、$p \times n$ 矩阵，且在实际系统中，要确保系数矩阵为可逆矩阵。

状态反馈情况下，系统的控制量 u 取为状态变量的线性函数：

$$u = v - Kx \qquad (3-9)$$

其中 v 为 m 维参考输入向量，K 为 m×n 维实反馈增益矩阵，在研究的过程中，要确保所取的状态变量都是可以进行反馈的。

将式（3-9）代入到式（3-8）中，得到系统的状态反馈控制方程：

$$\bar{x} = (A - BK)x + Bv, \quad y = Cx \qquad (3-10)$$

其中，系统输入的传递函数为：

$$G_k(s) = C(sI - A + BK)^{-1}B \qquad (3-11)$$

从式（3-10）和式（3-11）中可以看出，引入前后系数矩阵没有发生变化，因此，可以用 $\{(A - BK), B, C\}$ 表示引入反馈后的系统动态方程。

3.3.1.2 输出反馈

输出反馈有两种形式：将输出量以微分状态反馈到系统；将输出量反馈到输入量。其具体动态结构方程如下：

$$\begin{cases} \bar{x} = Ax + Bu - Hy \\ y = Cx \end{cases} \qquad (3-12)$$

将式（3-12）中式②代入式①中，得到下式：

$$\begin{cases} \bar{x} = (A - HC)x + Bu \\ y = Cx \end{cases} \qquad (3-13)$$

其中，系统输入的传递函数为：

$$G_H(s) = C(sI - A + HC)^{-1}B \qquad (3-14)$$

输出反馈情况下，系统的控制量 u 取为输出量 y 的线性函数：

$$u = v - Fy \qquad (3-15)$$

其中 v 为 m 维参考输入向量，F 为 m×p 维实反馈增益矩阵，在研究的过程中，要确保所取的输出变量都是可以进行反馈的。

将式（3-15）代入到式（3-14）中，得出引入反馈后系统的动态方程如下：

$$\begin{cases} \bar{x} = (A - BFC)x + Bv \\ y = Cx \end{cases} \qquad (3-16)$$

其中，系统输入的传递函数为：

$$G_F(s) = C(sI - A + BFC)^{-1}B \qquad (3-17)$$

从式（3-14）和式（3-17）中可以看出，FC 和 H 不一定是相等的，因此，引入输出反馈后，系统的动态方程系数发生了变化。

两种反馈，状态反馈能够完整的表征系统的动态行为，而输出反馈则只是利用了状态变量的线性组合进行了反馈，引入反馈后，系统动态方程系数矩阵发生了变化，很难对系数加以控制，无法得到预期的响应特性，并且，我们认为，每一个输出反馈都有一个状态反馈与其对应（即当且仅当等式 FC = H 成立时），因此，本文选用状态反馈，建立系统的动态反馈模型，对系统加以研究。

在系统中，当某些节点状态发生变化时，系统的外部特性会随之发生变化，通过反馈[126]，可有效控制系统状态对系统整体性能的影响，改善系统的准确度；通过调整系统工作状态参数，将系统频域反映到时域，减小影响时间，达到调整系统的动态特性的目的；同时也可按比例返回系统输出，对系统各节点进行控制，提高系统灵敏度。

3.3.2　资源循环型企业生产过程反馈模型构建

通常，反馈理论可从物质流的社会、经济和环境效应三方面引入[127]~[128]。从经济方面来讲，当产品输出达到工艺允许最大值时，即原材料被充分利用，企业会得到最大化经济效益；从环境方面来讲，废弃物的排放会对环境造成污染，在工艺允许条件下，使废弃物排放最小，有价值物质最大限度回收再利用；从社会方面来讲，市场需求一定，合理控制生产线产品输出，使其适应社会需求变化，有利于企业自身发展。

物质流分析是介于经济和环境系统之间的一种物质流动状态[35]，现从物质流的经济效益和环境效益入手，根据动态 SFA 分析框架（见图 3-2），建立相应的仿真模型，令系统产品输出向量为 P(t)，总流量增加向量为 μ(t)，则流量变化向量和产品输出差异向量分别为：

$$\mu(t) = x(t+1) - x(t) \tag{3-18}$$

$$\Delta = P(t) - R(t) \tag{3-19}$$

设第 t 小时，产品输出量为 P(t)，k 为产品产出增长率，则：

$$P(t+1) = (1+k)P(t) \tag{3-20}$$

由式 (3 – 6) 可知:

$$x(t) = A'(t)x(t) + B'(t)[x(t+1) - x(t)] + R(t) \qquad (3-21)$$

将式 (3 – 18)、式 (3 – 21) 代入式 (3 – 19),消去 $x(t+1)$ 和 $R(t)$,得:

$$\Delta = P(t) - [1 - A'(t)]x(t) + B'(t)u(t) \qquad (3-22)$$

根据式 (3 – 18)、式 (3 – 20)、式 (3 – 22),建立物质流的动态反馈模型:

$$\begin{cases} \mu(t) = x(t+1) - x(t) \\ P(t+1) = (1+k)P(t) \\ \Delta = P(t) - [1 - A'(t)]x(t) + B'(t)u(t) \end{cases} \qquad (3-23)$$

三式分别代表选定物质的流量变化向量、特定物质产出变化量和特定物质产出与废弃物排放的差异变量方程。

根据该动态反馈模型,可用 MATLAB 中 Simulink 模块进行仿真,根据仿真结果,方便企业从外部人为对模型进行补偿校正,即对过程中影响较大环节进行人为控制。

3.4   Simulink 建模

3.4.1   Simulink 仿真工具

Simulink 作为一个 MATLAB 的一个工具箱,其模块包含通信、控制系统、信号处理等多领域,可用来对系统进行建模、仿真、评价以及优化改进分析[129]。通过 Simulink 对实际操作进行的仿真模拟,可使用户对系统各环节运行状态进行了解,对影响系统运行的因素进行观察;可通过改变过程环节中某些参数,来影响系统的运行状态,从而选择更适合系统的参数进行设置;同时也可以对时间进行设置[130],预测系统在指定时间内的状态走势。

Simulink 仿真模型主要由三种模块构成:信源模块、系统模块、信宿模块[131],这些模块都可以直接从 Simulink 中直接调用,只要对其进行参数设置即可,其基本框架如图 3 – 5 所示。

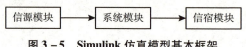

图 3 – 5　Simulink 仿真模型基本框架

Simulink 模块库主要包括输入源模块、接收模块、连续系统模块、离散系统模块、数学运算模块等。常用仿真模块如表 3 – 1 所示。

表 3 – 1　　　　　　　　　　　常用仿真模块

类别	模块名	功能介绍
输入源模块	Constant	常数
	Signal Generator	信号发生器
	Step	阶跃信号
接收模块	Scope	示波器
	Floating Scope	浮动示波器
	XY Graph	信号 X 对信号 Y 的变化图形
连续系统模块	Integrator	对输入进行积分
	State – Space	系统状态方程
	Transfer Fcn	系统传递函数
离散系统模块	Unit Delay	延迟一个采样周期
	Discrete Transfer Fcn	离散传递函数
	Discrete State – Space	离散状态方程
数学运算模块	Sum	对输入进行求和操作
	Product	对输入进行乘法操作（求积）
	Gain	常量增益

在信源模块部分，使用自定义的信号源，对输入函数自定义，采用 Simulink 中比较常用的 S 函数。S 函数是系统函数，可以使用 MATLAB 语言直接进行编码，也可使用 C、C + + 等语言进行编码，或直接将系统初始状态输入到模型中。为方便 Simulink 模块对函数进行直接调用，可使用 MAT-LAB 语言 M 文件形式，编写系统输入的 S 函数。

3.4.2　仿真模块及模型实现

从式（3 – 23）可以看出，系统满足线性时不变系统理论模型（LTI），线性时不变系统具有以下特性：①叠加性与均匀性；②时不变特性；③微分特性；④因果性；⑤可控性和可观测性。

该系统的可控性是指，状态可控和系统可控。对于线性时不变状态方程式（3 - 24）来说，选定一个非零状态初始值 $x(t_0) = x_0$，如果存在一个时刻 t_1 和一个无任何约束条件下的容许控制函数，使状态从初始转移到当前状态 $x(t_1) = 0$，则认为状态 x_0 在 t_0 时刻可控；如果状态中所有非零状态在 t_0 时刻都是可控的，则认为系统在 t_0 时刻是可控的。系统的可观测性是指在一定时间范围内，系统的输出 $y(t)$ 能唯一确定状态向量的初始值 $x(t_0)$，则认为系统是具有可观测性的。

用 Simulink 模块对式（3 - 23）中模型进行仿真，所用主要模块如下。

3.4.2.1　Integrator 模块

Integrator 为连续系统模块中的积分模块，其表达式如式（3 - 24）所示：

$$y(t) = \int_{t_0}^{t} u(t)\,dt + y_0 \qquad (3 - 24)$$

其中，t 为选定的仿真时间，$y(t)$ 为该环节的输出函数，$u(t)$ 该环节的为输入函数，y_0 为输入函数的初始值，系统默认 y_0 初始值为零，可根据需要进行设置。

3.4.2.2　Gain 模块

Gain 为数学运算模块中的常数增益模块，该模块是将输入乘以一个常数，输入的增益可以是一个标量，也可以是向量或者矩阵。该模块的增益默认初始值为 1，即保持输入以原状态从该模块中输出。

3.4.2.3　Sum 模块

Sum 为数学运算模块中的求和模块，该模块是将输入进行加法操作，输入可以是一个，也可以是多个。当输入只有一个端口时，可以对某一个元素进行加减或者对输入的总体进行加减操作；当输入为多个端口时，可以对其进行相加操作，其输入可以是标量，也可以是向量或者矩阵，如果输入中含有字符串，则需要用竖线进行隔开设置。

3.4.2.4 State – Space 模块

State – Space 为连续系统模块中的状态方程模块,该模块是对输入进行状态方程运算,参数设置可以是一维,也可以是多维,参数 A、B、C、D 初始值为1,初始状态向量为零。状态方程模块对话框如图 3 – 6 所示。

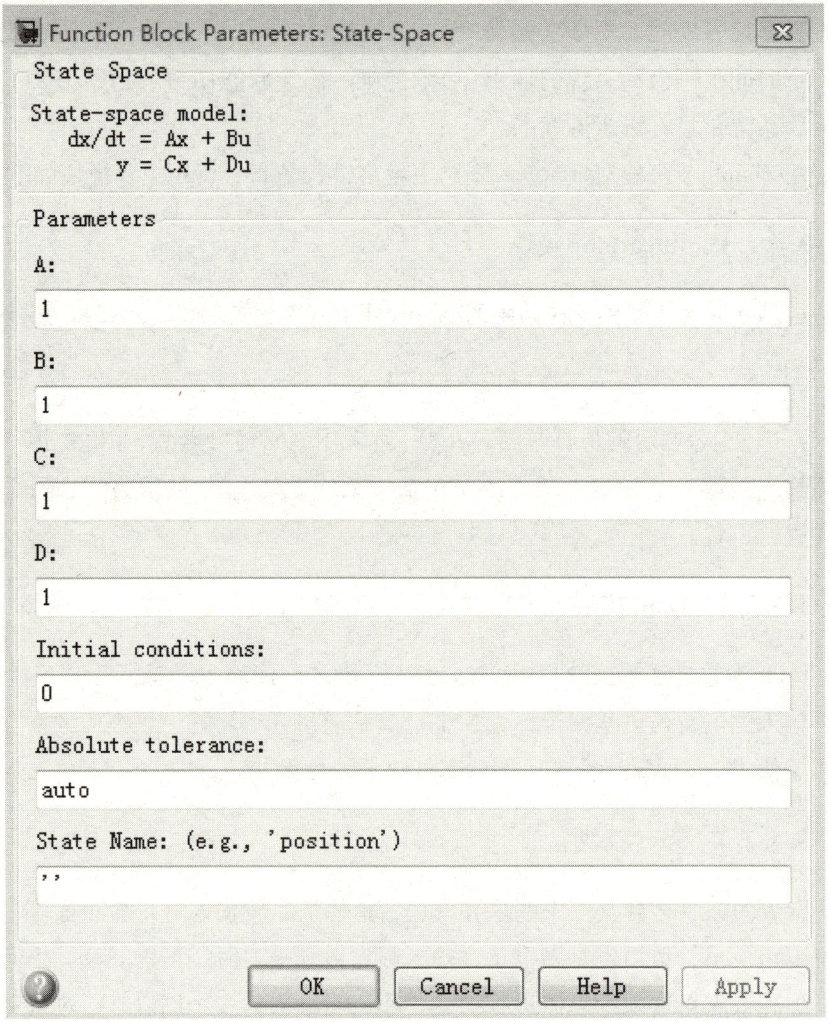

图 3 – 6 状态方程模块对话框

其基本状态方程如下：

$$\begin{cases} x' = Ax + Bu \\ y = Cx + Du \end{cases} \qquad (3-25)$$

式（3-25）中，各参数以矩阵形式输入，与状态反馈系统动态结构方程中各参数表示一致，x 为 n 维向量，y 为 m 维向量，u 为 p 维向量，则 A、B、C、D 分别为 n×n、n×m、p×n、m×p 的常系数矩阵，如图 3-7 所示。通常，状态向量 x 不为零且可逆，同时各系数矩阵也为可逆矩阵。

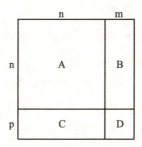

图 3-7　系数矩阵维度

该模块特性如表 3-2 所示。

表 3-2　　　　　　　　状态方程模块的基本特性

直接馈通（输出直接依赖于输入）	当且仅当 D 不为零
采样时间	采样时间需连续
纯量展开（可展开为适当维度）	与初始条件一致
状态	取决于 A 的值
可向量化	是
过零检测	否

3.4.2.5　Scope 模块

Scope 为接收模块中的示波器模块，该模块可对 X、Y 轴的范围进行定义，也可对取样频率进行设置，与浮动示波器不同的是，该模块可直接输入图的标题。该窗口上方有工具条，可根据需要对图进行处理。

该模块特性如表 3 - 3 所示。

表 3 - 3　　　　　　　　　　　示波器模块的基本特性

采样时间	与系统仿真模块设置相同或可以直接对其设置
状态	零
向量化	支持输入向量化

对式（3 - 23）进行变形，将其变换为式（3 - 25）形式，如下所示。

$$\begin{cases} x'(t) = u(t) \\ \Delta = -[1 - A'(t)]x(t) + B'(t)x'(t) + P(t) \\ P(t+1) = (1+K)P(t) \end{cases} \quad (3-26)$$

其中，$P(t+1) = (1+K)P(t)$ 为系统反馈部分。

运用 Simulink 中的模块，对式（3 - 26）构建仿真模型，$P(t)$ 部分以反馈形式输入到模型中，如图 3 - 8 所示，其中，虚线部分表示系统反馈部分，模型仿真结果通过示波器以曲线形式显示。

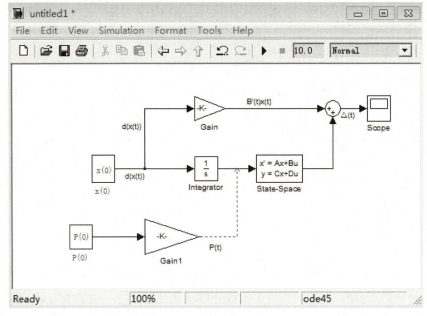

图 3 - 8　Simulink 仿真模型

该动态模型是针对物质的流动随时间变化的规律建立起来的，现实生产中，物质的流动不一定都存在着绝对规律的变化，动态仿真建模可忽略物质流动是否规律的特性，以时间为节点，针对其流动的每一个状态对现实进行模拟，有效贴合实际；考虑到实际生产过程不可能每个单元都是理想情况，可能会存在因节约能源或故障等原因，某环节临时暂停工作，加入对节点物质积累现象的研究，使仿真结果与实际相符性大大提高；同时，对过程影响的不仅仅是内部因素，还存在着环境、社会、经济等外部因素，在外部与内部因素共同作用基础上建立模型，对模型的实际效应有较大的改善，更有利于企业对自身生产过程存在的问题，以及对环境经济的影响进行分析。

3.5 硼酸生产过程的动态物质流反馈模型研究

3.5.1 硼酸生产过程分析

3.5.1.1 工艺过程分析

对我国青海盐湖区域的化工企业进行实地调研，深入分析企业硼酸生产线的加工过程。将该过程归纳为以下几个步骤：①萃取与反萃取。经过多次萃取与反萃取后，将得到的含硼反萃取液送入盐田浓缩晒制，得到浓度较高的粗硼酸；②配浆。粗硼酸经装载机送入配浆槽进行配浆；③过滤洗涤。一部分直接蒸发得到硼酸，一部分流入下一环境继续进行处理。④热熔过滤。将粗硼酸料浆送入热熔槽进行热熔处理，搅拌加热至95℃左右，充分溶解，过滤后将滤液送入冷却结晶装置；⑤冷却结晶。把热熔过滤后的粗硼酸送入真空结晶冷却装置；⑥离心分离。经过冷却结晶处理后，送入离心分离机进行分离，分离后一部分进行二次热熔、冷却结晶，另一部分进入下一环节；⑦化浆、洗涤、干燥。对得到的物质进行再次化浆洗涤，后送去进行干燥处理，最终得到成品硼酸。

硼酸的生产核心为热熔和冷结晶，生产工艺主要为物理过程。具体过程如图 3 - 9 所示。

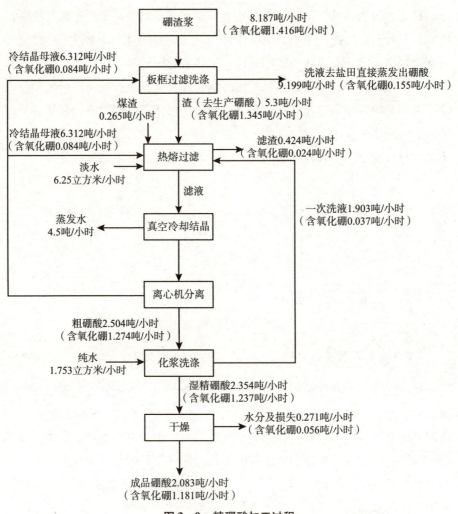

图 3 - 9 精硼酸加工过程

3.5.1.2 工艺指标及数据分析

为了达到精硼酸产品提产降耗的目的，对以上几个工序制定相应的工艺指标，具体如表 3 - 4 所示。

表 3 – 4　　　　　　　　　　　　　　　工艺指标

工段	工艺指标
板框过滤洗涤	洗涤后的粗硼酸中氧化硼含量在 25% 以上
热溶过滤	热粗硼酸液中不能含有 H_3BO_3（硼酸）固体
真空冷却结晶	过滤后硼酸中氯离子含量小于 3%， 镁含量小于 1%；冷母液中氯离子含量小于 120g/l
化浆洗涤	湿精硼酸中氯离子含量小于 0.06%，硫酸根含量小于 0.2%
产品干燥	精硼酸产品应到达合格品的要求，具体见表 4 – 2

从表 3 – 4 可知，各个工段的工艺指标是不同的，控制的点也是不同的，如真空冷却结晶和化将洗涤主要要求指标是硼酸中的氯离子、硫酸根离子等杂质的含量，如杂质离子含量过高，则会影响到硼酸的成品质量。要达到各个工序制定好的工艺指标，首先需从工艺操作入手，以实际生产数据为依据，做好各点的工艺控制。

表 3 – 4 中数据是硼酸加工过程中以时间为节点，在一段时间内，每小时固定节点的平均流量。结合该过程实际情况，选取其中四个单元对物质的流动情况进行研究，建立过程的物料平衡账户，四个单元依次为：板框洗涤过滤、热熔过滤、化浆洗涤和干燥，其物质流动情况如表 3 – 5 所示。

表 3 – 5　　　　　　　　　　四个单元节点中物质流动情况

项目	输入			输出		
节点选择	名称	流量	其中氧化硼流量	名称	流量	其中氧化硼流量
板框过滤洗涤	硼渣浆	8.187 吨/小时	1.416 吨/小时	洗液	9.199 吨/小时	0.155 吨/小时
	冷结晶母液	6.312 吨/小时	0.085 吨/小时	渣	5.3 吨/小时	1.345 吨/小时
热熔过滤	渣	5.3 吨/小时	1.345 吨/小时	滤渣	0.424 吨/小时	0.024 吨/小时
	煤渣	0.265 吨/小时		滤液	19.606 吨/小时	1.442 吨/小时
	冷结晶母液	6.312 吨/小时	0.084 吨/小时			
	淡水	6.25 立方米/小时				
	一次洗液	1.903 吨/小时	0.037 吨/小时			
化浆洗涤	粗硼酸	2.504 吨/小时	1.274 吨/小时	一次洗液	1.903 吨/小时	0.037 吨/小时
	纯水	1.753 立方米/小时		湿精硼酸	2.354 吨/小时	1.237 吨/小时
干燥	湿精硼酸	2.354 吨/小时	1.237 吨/小时	水分及损失	0.271 吨/小时	0.056 吨/小时
				成品硼酸	2.083 吨/小时	1.181 吨/小时

表3-5中数据是在一段时间内，每小时流过节点的平均流量，可以看出，在精硼酸生产的每个单元过程中，流动中的物质的量是平衡的，各输入输出的物质的量总和相等，氧化硼输入等于输出。但只抽取某一时间点的流量数据，则可以发现，元素在输出过程中出现了积累现象，即在生产过程中，某些在生产条件下被允许不连续的工序单元，可能存在工作状态不同步的问题。

考虑到加工过程中可能存在的氧化硼积累效应，因此，在静态物质流分析的基础上，引入反馈原理，构建动态物质流分析模型，从经济和环境角度着手，进一步对每个过程单元中物质流动随时间的变化情况进行分析。

3.5.2　动态仿真模型分析

3.5.2.1　动态仿真模型构建

图3-10中数据是硼酸生产过程中以时间为节点，在一段时间内，每小时固定节点的流量平均值。在不考虑该产品生产过程与其他产品生产过程间隐藏循环的情况下，对数据进行处理，考虑到该生产过程中氧化硼的积累效应，因此，运用建立的动态物质流反馈模型，进一步对该生产过程进行分析。

根据硼酸生产过程数据，以氧化硼流动为基础，建立硼酸生产系统的物质流分析框架，如图3-10所示。

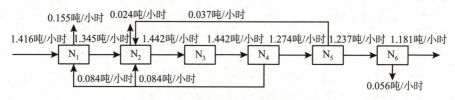

图3-10　硼酸生产系统物质流分析框架

从中可知动态模型中系数矩阵值以及各变量的初始值，初始状态系统废弃物排放量 $R = [0, 0.024, 0, 0, 0, 0.056]$，初始状态输出端氧化硼产量 $P(0) = [0.155, 0, 0, 0, 0, 1.181]$，系统各节点初始氧化硼流量的变化量

$x(0) = [1.5，1.466，1.442，1.442，1.274，1.237]$，流量变化比例矩阵 A 如下：

$$A = \begin{bmatrix} 0 & 0 & 0 & 0.056 & 0 & 0 \\ 0.897 & 0 & 0 & 0.057 & 0.025 & 0 \\ 0 & 0.984 & 0 & 0 & 0 & 0 \\ 0 & 0 & 1 & 0 & 0 & 0 \\ 0 & 0 & 0 & 0.883 & 0 & 0 \\ 0 & 0 & 0 & 0 & 0.971 & 0 \end{bmatrix} \quad (3-27)$$

氧化硼积累变化量比例矩阵 B 如下：

$$B = \begin{bmatrix} 0.214 & 0.129 & 0 & 0.472 & 0 & 0 \\ 0.5 & 0 & 0 & 0.406 & 0.241 & 0 \\ 0 & 0.168 & 0 & 0 & 0 & 0 \\ 0.335 & 0.397 & 0 & 0 & 0.173 & 0 \\ 0 & 0.226 & 0 & 0 & 0 & 0.188 \\ 0.294 & 0 & 0 & 0 & 0.263 & \end{bmatrix} \quad (3-28)$$

假设氧化硼产出增长率随时间呈线性关系，令 $k = [1, 0, 0, 0, 0, 1]$。根据以上数据及动态方程，对各节点状态的动态反馈模型进行 Simulink 仿真，仿真结果如图 3-11、图 3-12 所示。

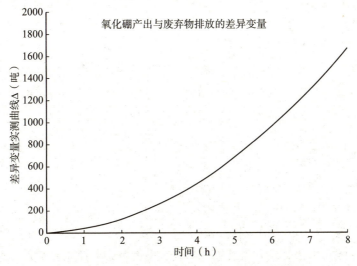

图 3-11　氧化硼产出与废弃物排放的差异变量

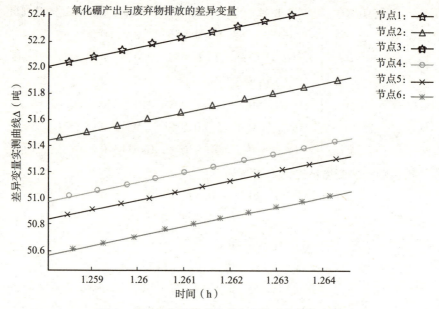

图 3 – 12　氧化硼产出与废弃物排放的差异变量

3.5.2.2　动态仿真结果分析

图 3 – 11 为差异变量实测曲线，图 3 – 12 为放大后部分曲线，横轴为时间轴，纵轴为差异变量轴。由于节点 3 没有废弃物排放，且未对氧化硼产出造成影响，因此图中没有节点 3 对应曲线，节点 6 则因有水分及损失出现，在图中出现对应曲线，故图 3 – 12 中共显示 5 条曲线。

从图 3 – 12 中可以看出，五条曲线之间的差异值并不大，说明该系统中每个节点对输出端产品产出的影响差异不是非常明显；同时该过程中采用的数据是每小时平均流量值，数据相对来说较小，也对各节点差异不明显有一定影响。由于节点 1、2 处于系统输入端最开始部分，有原料直接投入和废渣排放，也有产品直接产出，故节点 1、2 的纵轴差异变量值相对其他节点要大一些；第 4、5 节点都有部分原料返回到第 1、2 节点，且节点 4 流量较 5 大，因此两节点流量对产品产出有影响，但因为没有废渣排放，原材料基本没有损失，两节点情况相似，故节点 4、5 对应的两条曲线距离较近，且节点 4 曲线在上；节点 6 虽有损失出现，但考虑到数值相对节点 4、5 较小，且处于系统最末端，干燥过程中没有其他损失，对系统整体影响也较小，因此图中曲线从上到下依次为第 1，2，4，5，6 节点。

该模型选取了 8 个连续时间段，在第一小时内，各节点在反馈作用下的曲线基本贴近横轴，随着时间增加，产品产出与废弃物排放差异值逐渐增大。因此，对硼酸生产系统进行外部人为补偿非常有必要。从各节点产品产出与废弃物排放差异变量角度出发，应优先考虑节点 1、2 的物质流控制；从节点控制对生产的实际价值出发，应优先考虑节点 1、2、6 的物质流控制，节点 4 对应曲线虽在节点 6 对应曲线上方，但由于从节点 4 流出物质一部分进入下一过程单元，一部分返回到节点 1、2，没有明显损失出现，且其物质流量根源与节点 1、2 相关，故对其流量控制可滞后于节点 6，节点 5 情况与节点 4 类似。

现实生产中，若实测节点较多，无法分清各节点对应曲线，可选择建立单个节点的 Simulink 仿真模型，输出单个节点曲线，将各曲线对应横轴设置一致，对比纵轴差异变量即可判断各节点的流量控制对整个生产过程的影响大小，同时也可结合实际，判断各节点流量管理对生产的实际价值和难易程度，从而对企业生产线进行合理有效的管理和控制。

根据对曲线的分析可知，硼酸生产过程中，板框过滤洗涤和热熔过滤两个环节对过程的影响相对较大，虽最后产品输出的干燥环节对过程的影响程度最小，但其控制程度相对其他节点可能会更有效率，故对这三个环节的控制更有利于硼酸生产过程的改进。动态仿真建模通过对硼酸生产过程的物质动态状态进行仿真，使企业深入了解了该生产过程中各过程单元对整个过程影响的程度，解决了企业对硼酸生产过程改进无从下手的难点。

3.5.3　案例小结

本章主要将静态 SFA 理论模型和动态 SFA 反馈理论模型应用于青海某盐湖化工企业的硼酸生产过程中，通过物质流评价指标体系，对硼酸生产中氧化硼的路径和利用情况进行研究，通过动态模型，可识别影响过程的关键点，从而可采取人为补偿过程的做法来改进生产效率和资源利用率。

第 4 章

基于混杂 Petri 网的物质循环建模

Petri 网是 1962 年由德国科学家卡尔·亚当·佩特里（Carl Adam Petri）提出的一种图形化和数学分析工具[132]。它包括四个主要元素：托肯、库所、变迁和弧，具有一定的操作规则。作为一种图形化表示工具，它不仅可以刻画系统的结构，而且可以使用标记来模拟系统动态行为[78]；作为一种数学分析工具，它能够用来建立系统关联矩阵、状态方程以及描述系统行为的其他数学模型进行计算和验证。经过 50 多年的发展，Petri 网已在很多领域得到推广和发展，基于基本 Petri 网语义结构的扩展，相继出现了赋时、着色、面向对象、受控、混杂和模糊等 Petri 网[132]。

Petri 网通常用来研究系统的组织结构与动态行为，对系统中可能发生的各种状态变化以及变化间的联系具有较强的表述能力。所以，运用 Petri 网可以清晰地描述企业生产过程各种物质流、能量流和信息流的动态情况，以及各物料、能源的消耗。近些年，越来越多的学者青睐于 Petri 网强大的图形表示与数学描述能力，尝试将其应用于企业过程建模方面，从而进行动态仿真，为企业的生产进行分析从而提出可行的意见。

4.1 物质流分析模型与 Petri 网模型的比较

物质流分析模型被用来描述企业生产系统的输入输出关系及结构，具有清晰全面表达，易于掌握理解等优势，但难于进行仿真验证和优化分析，这大大限制了模型的应用。Petri 网模型的优点是可以形式化地描述系统并发、

72

同步（或异步）、冲突或循环等行为特征，且易于实现仿真模拟，但缺点是相对抽象，不易于掌握。针对此问题，我们可以将物质流分析模型与 Petri 网模型结合起来，对生产系统的物质流进行建模。通过物质流分析方法理清企业生产系统各股物质流的利用情况及它们之间相互关系后，利用 Petri 网仿真工具模拟它们的迁移路径，并支持对分析结果进行仿真验证。马福民等对面向企业能源消耗过程的模糊 Petri 网模型进行了研究[133]。赵斐等针对钢铁企业混杂特性，运用混杂 Petri 网对钢铁企业能源过程建模进行了一系列深入的研究[134]~[135]。张悦，王坚采用计时混杂 Petri 网与连续 Petri 网分别建立了企业生产过程能源预测模型与能耗过程模型，并进行了仿真验证[136][137]。李先广等基于 Petri 网对机床制造过程碳排放模型进行了研究[138]。尹久等则运用广义模糊 Petri 网建立了陶瓷生产过程能量碳流模型，对烧成系统整个过程的能量碳流进行了动态描述[139]。已有研究对企业能源的有效利用和节能降耗具有重要作用，然而缺少对物质资源消耗结构的描述和认识。物质资源消耗的减少，有助于推动能量耗散和污染排放的减少，所以，物质过程建模是能源过程建模的基础，对实现节约能源和降低污染也能起到促进作用。

　　归纳起来，物质流分析模型和 Petri 网都可以对生产过程进行可视化和数学描述，它们各有优点和缺点，而且在某些方面有一定的相似性与互补性（如表 4-1）。将这两种建模方法各自的特点和互补特点进行有效结合，形成逐步形式化的建模方法，从而能够针对过程工业系统的特点，利用所建模型进行深入认识和分析。

表 4-1　　　　　　物质流分析模型和 Petri 网模型的比较表

模型	描述系统特性	形式化程度	用户友好程度	系统仿真特点
物质流分析模型	静态	半形式化	清晰、易于理解	不易仿真
Petri 网模型	静态、动态	严格形式化	抽象、难懂	易于仿真

4.2　物质流混杂 Petri 网模型的定义

　　一个基本的用于描述物质流的 Petri 网主要包括变迁、库所和流关系三个组元，因此，可以被定义为一个三元组 N = (P，T，F)，且 F ⊆ {P × T} ∪ {T × P}。其中，P 是库所的有限非空集合，T 是变迁的有限非空集合，F 是库所与变迁之间的流关系[140]。根据不同的研究需要，可以对基本网进行扩展。因为用 Petri 网对能量过程进行建模的研究已经相对比较成熟，而且同时对物质流和能量流进行建模的话无疑会加重模型的复杂性，所以，这里就不考虑能量的流动了。下面本文根据过程型资源循环型企业的混杂特性，给出过程型资源循环型企业生产系统物质流混杂 Petri 网模型（简称 MFA – HPN）的形式化定义：

定义企业生产系统物质流混杂 Petri 网模型定义为 MFA – HPN = {P，T，PreC，PostC，MC}。式中：$P = P^c \cup P^d$ 是有限非空的连续库所集。P^c 代表企业生产过程中消耗或产生的各种物质的存储或缓存设备，主要包括原材料、辅料、中间产品、最终产品、污染物、水等。P_i^c 为普通库所集，每个库所表示一种物料，$\forall p_i^c \in p^c$，用实线双圆圈"◎"表示。设 $P^c = \{P^{cr}, P^{ca}, P^{cm}, P^{cp}, P^{cw}, P^{cc}\}$，其中 P^{cr}，P^{ca}，P^{cm}，P^{cp}，P^{cw}，P^{cc} 分别表示原料库所、辅料库所、中间库所、产品库所、环境库所、循环库所；P^d 代表企业生产过程中的离散操作，如设备的运行状态或者单元的启停状态，$\forall P_i^d \in P^d$，用单线圆圈"〇"表示。通常，任意两个库所之间不能直接相连，需要经过变迁联系起来，完成建模。

$T = T^c \cup T^d$ 是有限非空的连续变迁集。T^c 代表企业生产单元的设备对资源消耗或者资源转换等一系列或单个连续处理过程，用空心矩形框"□"表示。$\forall T_i^c \in T^c$，T_i^c 用以连接连续位置，连续部分表示生产过程中的物质流，相邻的 T_i^c 之间通过中间库所联系起来；T^d 代表离散变迁设备或单元的启停操作，$\forall T_i^d \in T^d$，用实心矩形框"■"表示。

PreC：$P^c \times T^c \rightarrow R_0^+$，$R_0^+$ 是非负实数，称为前向关联函数。在企业生产过程中，它表示建模系统内部各单元消耗物料（反应物）的量，用带箭头的实线表示普通弧集。

PostC：$T^c \times P^c \rightarrow R_0^+$，是非负实数，称为后向关联函数。在企业生产过程中，它表示建模系统内部各单元生产产品（反应物）的量，用带箭头的实线表示普通弧集。

M = {$M_0^c M_\tau^c$}，其中，M_0^c 表示生产系统初始状态下的标志，代表生产开始时原料、辅料、产品、能源等需要量；M_τ^c 则代表生产过程中 τ 时各库所中的物料量。

4.3 生产单元的物质流混杂 Petri 网模型构建

根据前面的分析可知，Petri 网模型用于过程分析的优点有很多，其图形表达和数学分析的特点很适合对企业生产过程物质流进行描述建模与仿真分析。将物质流分析模型转换成物质流混杂 Petri 网模型，可以选定与物质流评价指标计算密切相关的库所，即原料库所、辅料库所、产品库所、环境库所、循环库所和水资源库所，通过计算机仿真工具实现模型动态仿真，观察库所中物质量随时间的变化，从而计算得出物质流评价指标值的变化趋势，为循环经济实施效果评估提供支持。但是，应用 Petri 网对复杂系统直接建立模型是一个十分复杂而且容易出错的过程。另外为了能与物质流分析模型进行准确转换，也为了提高模块的重用性，可以考虑对企业生产系统进行分步建模。所以，根据生产单元的物质流模型，可以先将每个单元的物质输入输出情况，表示成一个个 Petri 网的基本元素或者子网，再用表示各单元之间的物质流关系及流向的弧把各个 Petri 网库所、变迁以及子网连接起来，形成一个大的 Petri 网。据此，构建的生产单元物质流混杂 Petri 网模型（MFA – HPN）如图 4 – 1 所示。图中，离散部分和连续部分通过离散节点 P_1^d 到连续节点 T_i^c 的弧来相互连接。当生产单元 i 开启的时候，也就是离散库所 P_1^d 有一个标识的时候，连续变迁 T_i^c 连续激发。当生产单元 i 因为外界原因停止的时候，离散变迁 T_1^d 被激发，这时 P_2^d 有一个标识，连续变迁 T_i^c 不再使能。

另外，在图 4 – 1 所示的物质流混杂 Petri 网模型中，连续变迁是可以嵌套的，即生产单元的连续变迁可根据实际情况分解成若干个代表生产设备或者分工序的连续变迁和库所组成的子网。

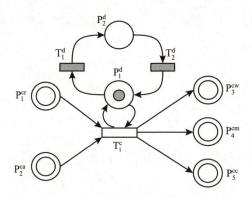

图 4 – 1　生产单元物质流混杂 Petri 网模型

4.4　镁盐深加工生产系统 MFA – HPN 模型构建

4.4.1　氢氧化镁生产系统 MF – HPN 模型建立

　　氢氧化镁生产系统的生产工序，包括粉碎球磨、合成过滤、水洗精滤、改性过滤、干燥除尘和母液回收，这几道工序是基本不间断的，属于连续型生产；但是各工序也存在混杂特性，例如，粉碎球磨工序有上料这样的离散操作；另外，连续的生产单元中，往往会涉及一些离散控制设备，用以进行过程调整与控制，例如，粉碎物料用的球磨机既可以进行离散控制，也可以进行连续运作。

　　由于物质流的转换与迁移受生产性质的直接影响，所以，伴随生产过程的物质流迁移也具有混杂特点。根据前面章节给出的建模方法以及对氢氧化镁生产系统物质流类型与输入输出特点分析的基础上，将该系统涉及的物质流加以提炼抽象，并考虑其混杂特点，即物料经历的不同处理工序是时间驱动的（属于连续过程），而工序操作的开始与结束时间是事件驱动的（属于离散控制），建立氢氧化镁子系统的物质流混杂 Petri 网模型，如图 4 – 2 所示。MF – HPN 模型中各元素说明如表 4 – 2 和表 4 – 3。

　　图 4 – 2 所示 MF – HPN 模型的含义如下：

　　①连续库所" ◎ "表示系统中的存储设备或虚拟存储设备，物质流涉及的各物料存于连续库所中，库所内托肯数量表示物料量，用实数表示；

连续变迁"□"表示物料消耗或转换设备的连续处理过程。

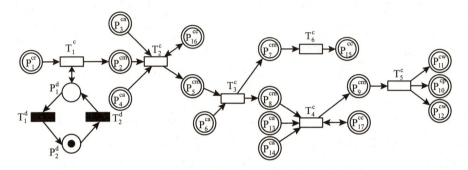

图 4 - 2　氢氧化镁生产系统 MF - HPN 模型

表 4 - 2　　　氢氧化镁生产系统 MFA - PN 模型中库所及其含义

符号	类型	含义
P_1^{cr}	原料库所	粗氧化镁料浆
P_3^{ca}、P_4^{ca}、P_6^{ca}、P_{13}^{ca} P_{14}^{ca}	辅料库所	P_3^{ca}、P_6^{ca} 表示新鲜水输入； P_4^{ca} 表示晶体助长剂输入； P_{13}^{ca}、P_{14}^{ca} 表示表面改性剂和分散剂输入
P_2^{cm}、P_5^{cm}、P_7^{cm}、P_8^{cm}、P_9^{cm}	中间库所	中间过程产物
P_{15}^{cc}、P_{16}^{cc}、P_{17}^{cc}	循环库所	分别表示循环母液、水洗液与改性余液
P_{10}^{cp}	产品库所	氢氧化镁产品
P_{11}^{cw}、P_{12}^{cw}	环境库所	P_{11}^{cw} 表示蒸汽； P_{12}^{cw} 表示粉尘
P_1^{d}、P_2^{d}	离散库所	P_1^{d}、P_2^{d} 表示粉碎球磨单元的状态库所；

表 4 - 3　　　氢氧化镁生产系统 MFA - PN 模型中变迁及其含义

变迁	含义	变迁	含义
T_1^{c}	粉碎球磨	T_5^{c}	干燥除尘
T_2^{c}	合成过滤	T_6^{c}	母液回收
T_3^{c}	水洗精滤	T_1^{d}	粉碎球磨的停用控制变迁
T_4^{c}	改性过滤	T_2^{d}	粉碎球磨的启用控制变迁

②离散库所"○"表示相关设备的启停状态，当库所 P_i^{d} 有标识时表示其所对应的连续变迁处于正常的启动状态或停止状态；离散变迁"■"表

示使连续变迁开启或停止的事件。

③Pre(P_i^c，T_j^c)，表示连续库所 P_i^c 到连续变迁 T_j^c 的关联函数；Post(P_j^c，T_i^c)，表示连续变迁 T_i^c 到连续库所 P_j^c 的关联函数，可以根据实际情况需要赋予不同的数值或表达式。

从图 4－2 所示的模型中可以看出，物质流分析模型涉及的各股流都包含在 MF－HPN 模型中，而且在此模型中，为各股流增加了缓存节点（即库所），物质流的动态变化体现为各库所标识的变化和变迁激发，这样便于观察各股流的流量变化，而且能体现生产中离散事件对整个生产过程物质消耗的影响。在氢氧化镁生产系统中，设置粉碎球磨单元设备的开停操作，以响应外部事件的发生，正常情况下，整个生产过程是连续进行的。

4.4.2　轻质氧化镁生产系统 MF－HPN 模型建立

轻质氧化镁生产系统前几道生产工序与氢氧化镁生产系统几乎相同，因为它的生产前提是在氢氧化镁产品的基础上进行轻烧、冷却、改性等工序处理。因为轻烧工序是对产品轻质氧化镁的活性起关键作用的过程，需要重点关注，所以，在这里增加离散控制操作，有突发事件发生时可以保证前面的工序不受到影响，增强系统响应外部事件的灵活性。

根据轻质氧化镁生产系统的物质流分析模型，将涉及的物质流加以提炼抽象，建立该生产子系统物质流混杂 Petri 网模型，如图 4－3 所示。MF－HPN 模型中各元素说明如表 4－4 和表 4－5。

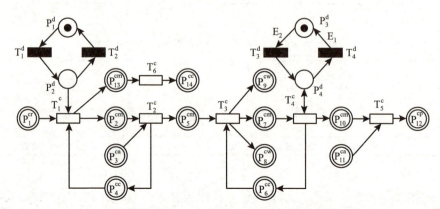

图 4－3　轻质氧化镁生产系统 MFA－PN 模型

在轻质氧化镁生产的物质流过程中，各种物料资源主要包括粗氧化镁料浆原料以及新鲜水等辅助材料，经过合成过滤、水洗精滤、干燥除尘、轻烧除尘、冷却改性和母液回收工序依次进行加工处理，直到轻质氧化镁产出。在此过程中合成过滤工序产出水洗母液废弃物（相对本工序而言），水洗精滤工序产生的一次洗液可以进一步被合成过滤工序利用，轻烧除尘工序产生的尾气余热可以作为热源提供给干燥除尘工序。这些过程的逻辑关系从图 4-3 的模型中都可以反映出来。

表 4-4　　　轻质氧化镁生产系统 MFA-PN 模型中库所及其含义

符号	类型	含义
P_1^{cr}	原料库所	粗氧化镁料浆
P_3^{ca}、P_{11}^{ca}	辅料库所	P_3^{ca} 表示新鲜水输入； P_{11}^{ca} 表示表面改性剂输入
P_2^{cm}、P_5^{cm}、P_7^{cm}、P_{10}^{cm}、P_{13}^{cm}	中间库所	中间过程产物
P_4^{cc}、P_6^{cc}、P_{14}^{cc}	循环库所	循环母液、一次洗液、余热
P_{12}^{cp}	产品库所	轻质氧化镁产品
P_8^{cw}、P_9^{cw}	环境库所	P_8^{cw} 表示蒸汽； P_9^{cw} 表示粉尘
P_1^d、P_2^d、P_3^d、P_4^d	离散库所	P_1^d、P_2^d 表示合成过滤单元的状态库所 P_3^d、P_4^d 表示轻烧除尘单元的状态库所

表 4-5　　　轻质氧化镁生产系统 MFA-PN 模型中变迁及其含义

变迁	含义	变迁	含义
T_1^c	合成过滤	T_1^d	合成过滤的停用控制变迁
T_2^c	水洗精滤	T_2^d	合成过滤的启用控制变迁
T_3^c	干燥除尘	T_3^d	轻烧除尘的停用控制变迁
T_4^c	轻烧除尘	T_4^d	轻烧除尘的启用控制变迁
T_5^c	冷却改性		
T_6^c	母液回收		

可以看出，该模型有较强的逻辑表达能力，而且能够清晰表述轻质氧

化镁系统中工序之间物质流的彼此联系，以及循环利用的关系路径，同时体现了轻质氧化镁系统的混杂特点，为下一步的仿真工作提供了逻辑关系基础。

4.4.3 高纯镁砂生产系统 MF – HPN 模型建立

根据对高纯镁砂生产系统物质流特性的分析，将该系统涉及的物质流加以提炼抽象，建立其物质流混杂 Petri 网模型，如图 4 – 4 所示。物质流混杂 Petri 网模型中各元素说明如表 4 – 6 和表 4 – 7。

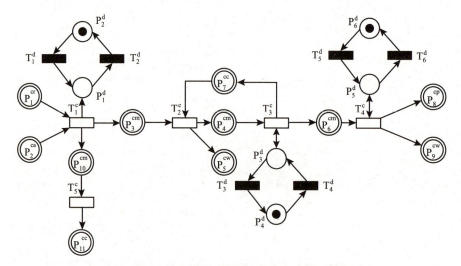

图 4 – 4　高纯镁砂生产系统 MF – HPN 模型

从图 4 – 4 所示的模型中可以看出，高纯镁砂生产系统的离散变迁模块为三个，即对水洗精滤单元、轻烧除尘单元、压球重烧单元都增加了离散操作。这是因为高纯镁砂生产系统的生产可以看做三个步骤：首先，生成氢氧化镁；然后，经过轻烧工序改变产品活性，加工成轻质氧化镁；最后经过压球重烧得到最终产品高纯镁砂，如果增加对这三个单元的离散控制，当下游工序出现故障时，上游工序可以避免受到影响，保持运行。

表 4 – 6　　　高纯镁砂生产系统 MF – HPN 模型中库所及其含义

符号	类型	含义
P_1^{cr}	原料库所	粗氧化镁料浆
P_2^{ca}	辅料库所	新鲜水输入
P_3^{cm}、P_4^{cm}、P_6^{cm}、P_{10}^{cm}	中间库所	中间过程产物
P_7^{cc}、P_{11}^{cc}	循环库所	循环母液、余热
P_6^{cp}	产品库所	高纯镁砂产品
P_5^{cw}、P_9^{cw}	环境库所	混杂粉尘的蒸汽排放
P_1^d、P_2^d、P_3^d、P_4^d、P_5^d、P_6^d	离散库所	P_1^d、P_2^d 表示水洗精滤单元的状态库所；P_3^d、P_4^d 表示轻烧除尘单元的状态库所；P_5^d、P_6^d 表示压球重烧单元的状态库所。

表 4 – 7　　　氢氧化镁生产系统 MFA – PN 模型中变迁及其含义

变迁	含义	变迁	含义	变迁	含义
T_1^c	水洗精滤	T_5^c	母液回收	T_4^d	轻烧除尘的停用控制变迁
T_2^c	干燥除尘	T_1^d	水洗精滤的启用控制变迁	T_5^d	压球重烧的启用控制变迁
T_3^c	轻烧除尘	T_2^d	水洗精滤的停用控制变迁	T_6^d	压球重烧的停用控制变迁
T_4^c	压球重烧	T_3^d	轻烧除尘的启用控制变迁		

4.5　镁盐深加工生产系统 MF – HPN 模型仿真

4.5.1　仿真方法介绍

Stateflow 是 MATLAB 软件下的一个工具包，与 Simulink 中的模块进行整合可以对复杂系统进行建模、仿真与分析。它集有限状态机理论（Finite State Machine Theory）、过程图（Flow Diagram）和状态转移图（State – Transition Diagrams）等概念于一体，采用面向对象的编程思想，即属性、事件和方法[141]。Stateflow 主要有状态（state）和转移（transition）两个部分。状态用平滑的四角方框表示，状态动作主要有 entry、during、exit 三种，分别表示当状态被激活时执行相应的动作、状态保持着活动状态时执行相应的动作和状态退出活动时执行相应的动作。转移是用带箭头的弧线表示，表明状态转移的路径。一个完整的转移标签可以表示为：event[condition]{condition_action}/transition_action，分别表示使转移使能的事件、转移条件、条件动作和转移动作[142]。

因为 Stateflow 的工作原理与 Petri 网的变迁规则相似，所以比较容易实现 MF–HPN 模型的仿真。运行 Petri 网的过程是一系列变迁激发引起的相应库所资源（token）改变或转移的过程，运行状态流（Stateflow）的过程是各状态间不断转移的过程。MF–HPN 模型与 Stateflow 仿真模型之间基本联系可表述为：库所里资源改变是由变迁被激发引起的，而变迁的激发在 Stateflow 里可以看作是某个实体状态的转移。在 Stateflow 状态图中，可以用状态表示 Petri 网中的库所、用转移表示 Petri 网中的变迁激发，或者库所和变迁之间的关联，用状态行为以及转移上的标识描述变迁规则[143]。下面给出根据 MFA–PN 模型构建基于 Stateflow 仿真模型的步骤。

步骤 1：构建 Stateflow 中的状态框图和转移弧线，这将对应为 MFA–PN 模型中的库所与变迁；

步骤 2：根据 MFA–PN 模型中变迁的发生规则给出 Stateflow 中转移发生的转移条件；

步骤 3：将 MFA–PN 模型中库所的资源变化对应 Stateflow 中状态行为及条件动作。

步骤 4：根据 MFA–PN 模型中变迁对应的输入库所和输出库所及关联函数，在 Stateflow 中建立对应的状态及状态行为，然后嵌套到一个父状态中（整个父状态对应的是 MFA–PN 模型中一个变迁激发后，与其相关的库所资源情况）；

步骤 5：按照 MFA–PN 模型中变迁发生的次序，将各父状态用迁移连线依次连接起来；

步骤 6：设置仿真时间 T 和初始参数，运行仿真。

为进一步说明基于 Matlab Stateflow 构建 MF–HPN 模型进行仿真的过程，本节以轻质氧化镁生产系统的 MF–HPN 模型为例给出说明。仿真实例主要为了说明 MF–HPN 模型的仿真思路，验证建立的 MF–HPN 模型的可行性，并不以优化各种参数为目的，所以，在下面的仿真过程中，只赋予模型中关联函数具体的参数值，并未给出具体的函数表达式。关联函数表达式的确定需要根据大量的生产数据及扎实专业的行业知识才能得出，本文的研究可以为下一步优化生产参数提供基础借鉴。

4.5.2 轻质氧化镁生产系统 MF – HPN 模型仿真

将 4.1 小节中所建的 MF – HPN 模型赋以初始标识和关联权值，再引入时间因素和变迁发生规则，即可通过 Matlab Stateflow 仿真平台展示 MF – HPN 中库所与变迁的动态特性，对模型进行仿真。轻质氧化镁生产系统的 MF – HPN 模型中既有离散变迁，又有循环回路，选取作为仿真研究对象，能够充分说明问题，其他两个生产系统的仿真可以其为参考进行，在此不再累述。本节仿真所用到的数据是根据企业生产实际数据确定的，其中关联函数的赋值是企业生产数据库中各种物料每天平均消耗量和产品产量，图 4 – 3 所示的轻质氧化镁生产子系统 MF – HPN 模型中具体的关联函数赋值见表 4 – 8。

按照上一小节中给出的 MF – HPN 模型构建 Stateflow 仿真模型的步骤，并根据表 4 – 8 对氢氧化镁生产子系统 MF – HPN 模型关联函数的赋值，得到氢氧化镁生产子系统的 Stateflow 仿真模型（如图 4 – 5 所示），并在 Matlab 中运行，运行得到的仿真数据存放于 Matlab 的 workspace 中。

表 4 – 8　　轻质氧化镁生产子系统 MFA – PN 模型中关联函数及赋值

关联函数	值	关联函数	值	关联函数	值
Pre（P_1^{cr}，T_1^c）	1346.25	Pre（P_{10}^{cm}，T_5^c）	494.20	Post（P_8^{cw}，T_3^c）	0.38
Pre（P_2^{cr}，T_2^c）	1366.59	Pre（P_{11}^{ca}，T_5^c）	5.8	Post（P_9^{cw}，T_3^c）	788.71
Pre（P_3^{ca}，T_2^c）	1589.45	Pre（P_{13}^{cm}，T_6^c）	1652.79	Post（P_{10}^{cm}，T_4^c）	494.20
Pre（P_4^{cc}，T_1^c）	1673.13	Post（P_2^{cm}，T_1^c）	1366.59	Post（P_6^{cc}，T_4^c）	271.08
Pre（P_5^{cc}，T_3^c）	1282.91	Post（P_{13}^{cm}，T_1^c）	1652.79	Post（P_{12}^{cp}，T_5^c）	500
Pre（P_6^{cc}，T_3^c）	271.08	Post（P_5^{cm}，T_2^c）	1282.91	Post（P_{14}^{cc}，T_6^c）	1652.79
Pre（P_7^{cm}，T_4^c）	765.28	Post（P_7^{cm}，T_3^c）	765.28		

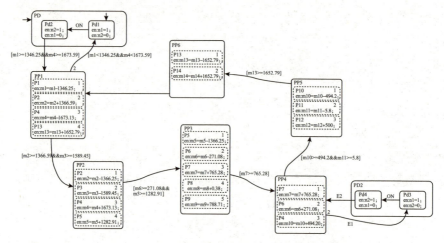

图 4 – 5　氢氧化镁生产子系统 Stateflow 仿真模型

如图 4 – 5，在 Stateflow 模型中建立了六个父状态 PP1、PP2、PP3、PP4、PP5、PP6 分别表示六个变迁的激发状态，即六道工序的加工状态。每个父状态里的子状态表示每道工序涉及的各类物质流的输入输出状态，这里将一个变迁激发所引起的物质流的输入输出动作看作是并行的，设置 Decomposition 属性为 Parallel（并行）。父状态之间的转移条件根据变迁使能规则设置，即当状态中的数据变化满足变迁使能的条件：对于 $\forall P_i^c \in T_j^c$ 满足 $M_\tau(i) \geqslant \mathrm{Pre}(P_i^c, T_j^c)$，则转移发生。对于状态 PD、PD2 分别表示状态 PP1 与 PP4 的离散事件控制。

通过仿真，可以得到以初始状态为 $P_1^{cr} = 12116.25$，$P_3^{ca} = 14305$，$P_{11}^{ca} = 58$，$P_4^{cc} = 1800$，$P_6^{cc} = 300$，其他库所标识为 0，进行生产一段时间过程中各库所标识的变化，得到各种物料消耗、产品产量和污染排放量随时间变化的情况。如图 4 – 6 中显示了 P_1^{cr}、P_8^{cw}、P_{12}^{cp}、P_{14}^{cc} 中物料量的变化情况。

从 workspace 中读取仿真数据，如表 4 – 9 所示，这些数据显示了企业轻质氧化镁子系统 5 天内的生产情况，我们可以重点关注对企业经济成本与环境成本产生影响的库所 P_1^{cr}、P_3^{ca}、P_{11}^{ca}、P_{14}^{cc}、P_{12}^{cp}、P_8^{cw}、P_9^{cw} 中物质数量的变化情况。

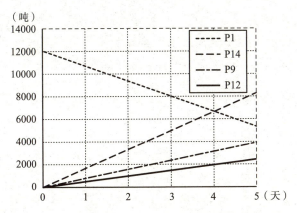

图 4 – 6　P_1^{cr}、P_8^{cw}、P_{12}^{cp}、P_{14}^{cc}状态演变的仿真结果

表 4 – 9　　　　　　　　　　氢氧化镁生产系统仿真过程数据

时间：d \ 库所	P_1^{cr}	P_2^{cm}	P_3^{ca}	P_4^{cc}	P_5^{cm}	P_6^{cc}	P_7^{cm}
0	12116.25	0	14305.0	2100.0	0	320.0	0
1	10770.0	0	12715.55	426.87	0	48.92	0
2	9423.75	0	11126.1	426.87	0	48.92	0
3	8077.5	0	9536.65	426.87	0	48.92	0
4	6731.25	0	7947.2	426.87	0	48.92	0
5	5385.0	0	6357.75	426.87	0	48.92	0

时间：d \ 库所	P_8^{cw}	P_9^{cw}	P_{10}^{cm}	P_{11}^{ca}	P_{12}^{cp}	P_{13}^{cm}	P_{14}^{cc}
0	0	0	0	58	0	0	0
1	0.38	788.71	0	52.2	500.0	0	1652.79
2	0.76	1577.42	0	46.4	1000.0	0	3305.58
3	1.14	2366.13	0	40.6	1500.0	0	4958.37
4	1.52	3154.84	0	34.8	2000.0	0	6611.16
5	1.9	3943.55	0	29	2500.0	0	8263.95

4.5.3　仿真结果分析

通过上一节仿真得到的仿真数据，可以根据分析目标提取用于计算。首先，给出物质流相关库所内标识数量变化的函数表达式如下：

原料库所 P_i^{cr} 及辅料库所 $P_i^{ca}(i=1,3,11)$ 内标识数量的变化，代表原料或辅料的消耗量（轻质氧化镁的辅料库所主要是新鲜水和表面改性剂），在 $[0,\tau]$ 时间内每个原料库所或辅料库所内标识数量变化的计算公式为：

$$\Delta M_\tau(i) = \int_0^\tau \frac{dM_\tau(i)}{d\tau}ds = M_0(i) - M_\tau(i), \ i=1,3,11 \qquad (4-1)$$

中间库所 $P_i^{cm}(i=2,5,7,10,13)$ 与循环库所 $P_i^{cc}(i=4,6)$ 内标识数量的变化，代表中间产物或可循环物质的净增量，在 $[0,\tau]$ 时间内每个中间库所标识变化量计算公式为：

$$\Delta M_\tau(i) = [Pre(P_i^c, T_i^c) - Post(P_i^c, T_j^c)] \cdot \tau, \ i=2,4,5,6,7,10,13$$
$$(4-2)$$

这里 $Pre(P_i^c, T_i^c) = Post(P_i^c, T_j^c)$，$i=2,4,5,6,7,10,13$，即 $\Delta M_\tau(i) = 0$。

可循环物质量（CM）的计算公式为：

$$CM = Post(P_i^c, T_j^c) \cdot \tau, \ i=4,6,14 \qquad (4-3)$$

产品库所 P_i^{ep} 和环境库所 P_i^{cw} 内标识数量的变化，代表产品或废弃物的产生量，在 $[0,\tau]$ 时间内每个产品库所或环境库所标识变化量计算公式为：

$$\Delta M_\tau(i) = \int_0^t \frac{dM_\tau(i)}{d\tau}ds = M_\tau(i), \ i=8,9,12 \qquad (4-4)$$

由此，选取原材料单耗、辅助材料单耗、单位产品污染物排放量、物质循环利用率、污染排放降低率几项物质流评价指标，给出 $[0,\tau]$ 时间内各指标值计算公式为：

$$RMCU = \frac{M_0(1) - M_\tau(1)}{M_\tau(12)} \qquad (4-5)$$

$$AMCU = \frac{\sum_{i=3,11}[M_0(i) - M_\tau(i)]}{M_\tau(12)} \qquad (4-6)$$

$$PEPU = \frac{\sum_{i=8,9}M_\tau(i)}{M_\tau(12)} \qquad (4-7)$$

$$MRR = \frac{\sum_{i=4,6,14}Post(P_i^c, T_i^c) \cdot \tau}{\sum_{i=4,6,14}Post(P_i^c, T_i^c) \cdot \tau + \sum_{i=8,9}M_\tau(i)} \qquad (4-8)$$

$$ERR = \frac{\left[\sum_{i=8,9} M_{\tau-1}(i) - \sum_{i=8,9} M_{\tau-2}(i)\right] - \left[\sum_{i=8,9} M_{\tau}(i) - \sum_{i=8,9} M_{\tau-1}(i)\right]}{\sum_{i=8,9} M_{\tau-1}(i)}$$

$$(4-9)$$

式（4-9）中，$M_0(i)$ 表示初始时刻库所 P_i^c 中的物料量，$M_\tau(i)$ 表示 τ 时刻库所 P_i^c 中的物料量。

根据式 5.5（1）~（4）计算出轻质氧化镁生产系统在初始状态下连续生产 5 天的各指标值为：

RMCU = 2.6925t/t；AMCU = 3.1905t/t；PEPU = 1.5782t/t；MRR = 82.0%；ERR = 0

这里，之所以污染排放降低率 ERR = 0，是因为仿真过程按照最初的仿真参数设定运行，设置的仿真参数恒定。实际仿真中可以增加外部事件的影响，或者根据需要更改仿真参数，使仿真结果更为准确有效。

4.6 本章小结

针对物质流分析模型在研究企业物质循环利用的深度方面还存在一定缺陷这个问题，为了进一步深入考察盐湖化工企业的物质流利用情况，本章首先构建了盐湖化工三个产品生产系统的 MF - HPN 模型，通过模型凸显出了三个产品生产系统物质过程的各自特点；然后，给出了由 MF - HPN 模型转换为 Stateflow 仿真模型的具体步骤，并对轻质氧化镁生产系统的物质流利用情况进行仿真，动态展现了物质流的迁移；最后，总结了指标随时间变化的函数表达式，根据仿真得到的数据，可以计算企业各生产阶段的物质流相关指标值，这为今后进一步利用计算机工具实现智能评价企业各阶段物质流利用情况奠定了基础。

第 5 章

基于时间 Petri 网的物质
循环流动态投入建模

针对循环经济园区生产企业普遍存在的物料冗余投入的问题，以时间 Petri 网建模与仿真技术为依托，对物质流单元模块建立了时间 Petri 网模型，实现了对物质流系统投入方案的优化。本章利用时间 Petri 网强大的符号表达优势，对物质流系统的时序性和环节间的依赖性进行了公式化表达。通过模型分析，用数学算法量化了在逆向循环流的约束下，单循环和多循环物质流系统的物料最优投入量和最佳投入时间点，并用时间 Petri 网对其进行了图形化表达，给出了物料投入最优时间戳，并定量计算了原料节约率。利用时间 Petri 网模型对循环物质流系统进行建模优化，可以大幅的提高物料利用效率，从微观层面为循环经济减量化的实施与推广提供了技术支撑。并且优化算法适用于大中小型循环经济企业，而对于面临"循环而不经济"问题的中小型企业更具有实施意义。

5.1　物质流时间 Petri 网应用

随着经济发展，资源约束问题日益严重。提高资源利用率是解决资源紧缺的有效手段，发展循环经济是提高资源利用率的重要途径。循环经济的实质是生态经济[145]，在对环境压力度量的基础上，减量化、再利用、资源化已成为发展循环经济的重要途径。在循环经济系统中，减量化生产是优先实施原则[146]，旨在减少物质流生产系统中对资源的过度消耗，规避因盲目投入导致的低产品率、高废弃率的问题[147]。在实际生产中，企业还存在流水线上的循环约束处理不当、物料的投入配比不合理、原辅料的浪费和废弃物产量的指数性增加等问题。

减量化生产有两种途径：一种是在系统中引入新的逆向物质流，另一种是对已有的逆向流进行系统性规划，减少冗余投入。引入新的逆向流的成本往往比较高，而后一种方法的成本投入较低，能很好地规避"循环而不经济"的问题。因此，对已有的逆向流进行物质流建模优化分析，提高资源利用率，对生产系统进行组合优化，提高系统效率和技术的可实施性，是推广循环经济、提高资源利用率的关键[148]。

在物质流分析领域，国内外学者通过已有研究，提出了相关模型与算法，旨在构建资源利用率最大化和废弃物排放最少化的物质流系统[149]~[154]。在这类研究中，由于 Petri 网建模与仿真技术能够对复杂的物质流系统进行符号化建模，应用最为普遍。张健等从微观层面构建了物质流物料平衡账户[98]并运用 Petri 网模型算法进行了物质流效率核算[155]；张悦等建立了生产计划的 Petri 网模型，对能耗过程进行模拟与仿真计算，对能源平衡和管理有重要的辅助作用[137]；霍艳芳等将 Petri 网仿真技术应用到钢铁工业生态园区，对园区做了系统优化[156]。总体而言，国内对于物质流时间维度的研究多着眼于宏观[157]，从社会经济发展阶段角度，研究资源投入量与废弃物排放量之间的匹配关系与变化规律[158]。然而在循环经济逆向循环物质流的约束下，从具体物质流加工工序角度，建立物料投入时间戳，构建逆向循环物质流系统减量化生产模型的研究还未见报道。

本章的研究重点是对企业生产过程中已经存在的逆向物质流进行时间节点上的流量控制，在逆向流的约束下，对原料的动态投入进行量化计算，找出动态变化的关键时间节点和对应的物料投入量。模型建立的前提是系统中有连续的物料投入且存在离散的逆向流，即物料无间断投入，逆向流返回到投入点的过程中存在耗时。为方便符号化表达，本文基于已有的 Petri 网理论[159]~[170]，将时间 Petri 网与物质流结合，建立面向物质流的时间 Petri 网模型（Material Flow—Timed Petri Net，简称 MF – TPN），对物质流系统进行符号化表达。用 Petri 网算法进行仿真，并用青海某盐湖生产企业实地调研取得的数据对模型进行了实证，得出按照模型给出的时间戳进行物料投入时，可以极大地提高资源利用效率，降低废弃物料的排放量，为微观循环物质流、减量化生产理论进一步发展提供了支撑。

5.2 物质流时间 Petri 网模型的定义

在 Petri 网模型提出后的 50 多年里，已经逐渐形成了比较成熟的理论体系，其独特的网链结构以及描述依赖关系的特点[171]，非常适合物质流的建模分析，成为循环经济领域强有力的图形建模与分析工具。时间 Petri 网是对经典 Petri 网的补充和发展，通过赋时，解决资源的冲突问题，本文基于时间 Petri 网进行建模探讨。

时间序列滞后条件下的 MF – TPN 以网图的方式简洁、直观的模拟物质流系统。在建模之前，首先引入 MF – TPN 算法规则：

定义　MF – TPN

MF – TPN = (P，T，A，E，Γ，L) 当且仅当：

PUT ≠ Φ，P∩T = Φ，P = $\{p \mid p_i \in P \quad i = 1, \cdots, m\}$，T = $\{t \mid t_j \in T \quad j = 1, \cdots, n\}$ 其中 P 为库所，T 为变迁；

A 为弧的有限集合，P∩T = P∩A = T∩A = φ，弧是连接库所与变迁的桥梁；

E 为弧函数，E ∈ [A→Exprs]，

$$\forall a \in A: \begin{bmatrix} \text{Type}(E(a)) = C(p(a))_{MS} \\ \wedge \text{Type}(\text{Var}(E(a))) \subseteq \sum \end{bmatrix} \qquad (5-1)$$

Γ 时间函数集合；L 是生产工艺中，物质流链条的路径长度，用 P 的个数计量。

在 MF – TPN 模型中，定义源库所为：P→·⟺·p = φ；漏库所 ·→P⟺ p· = φ。在整个物质流系统中，要有原料的投入和产品的产出，因此至少要有一个源库所和漏库所。在实际系统中，情况比较复杂，系统与外界时时刻刻进行着物质、能量和信息的交流，随即会产生源库所和漏库所。因此在 MF – TPN 建模时，有必要对关键点进行提取，将对系统影响不大的 P→· 和 ·→P 进行必要的合并，以确保系统的简练性和可读性。

5.3　生产单元的物质流时间 Petri 网模型构建

本节从微观角度，对物质流进行模型化处理，对生产环节和循环环节进行重点研究。在本部分，首先对物质流的边界进行界定，将这个范围看成一个相对独立的系统，在系统内研究时间滞后相应和效率优化问题。在生产环节需要消耗多种资源，包括原料和能源等，没有边界的研究是复杂的，外界的影响因素过多会导致模型规模爆炸，进而导致建模失败。下面就一个物质流生产和循环单元的时间窗进行 Petri 网建模，将每一个物质流的生产和循环单元模块进行有机衔接组合，便可以得到整体的 MF – TPN 模型。

5.3.1　建立研究边界

在一条相对完整的物质流链条中，包括输入、加工和输出三个模块。其中输入端主要是原料、水和辅料，当然还应包括能量，如电能、标煤和天然气等；加工系统是物质流研究内容的核心部分，包括工序的规划，工序上能量的投入比，物料的重新利用等，输出端是产品的输出和不可再回收利用物料的排放环节。研究边界图如图 5 – 1 所示。

由于电能参与物质流系统的方式比较特殊，电能的使用而造成的碳排放问题发生在发电站一端，不会直接参与到物质流的加工环节中，所以电能的输入不会影响物质流过程系统的质量变化，它的作用是给系统运行提供必要的动力，因此，本文将电能归为加工系统中，作为特殊的输入进行研究。

加工系统主要研究工序和循环优化问题。在本环节中，合理的工序设置和能量投入可以减少废弃物料的排放，提高原料和能量的利用率。每一个工序都需要有能量的投入，对于能量的核算可以通过 GABI 软件核算。工序之间存在着严格的依赖关系和先后关系，物料的投入和能量的输入受循环单元时间间隔约束，因此有必要对加工系统模块进行单独建模，通过建立时间滞后模型，来研究系统在各个时间点上的最优资源配比方式。

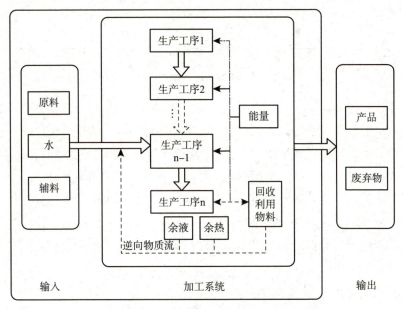

图 5 − 1　物质流系统研究边界

5.3.2　物质流单−循环单元时间窗模型

对加工系统进行细分，摘取其中一段含生产工序和循环工序的物质流链条进行研究。摘取的单元模块由两个加工工序和一个循环工序组成，假定设备无故障运行，在不含循环工序的情况下，原料在固定时间点上的投入量应该是固定的，然而在加入了循环工序时，物料若仍按照原来的投入量投入，不仅会降低原料的利用率，还将增加废弃物的排放量。所以，引入时间窗模型，研究循环工序时滞带来的物料投入量变化情况，生产单元模块模型如图5 −2 所示。

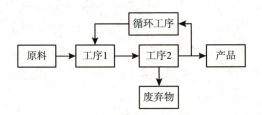

图 5 − 2　生产单元模块

对上述模型直接建立时间滞后模型比较困难，缺少必要的符号表示，因此，引入 MF – PN 模型算法，进行二次建模。首先，对图 5 – 2 模型进行符号化处理。物质流模型中的任意细分单元的物料仍符合物料守恒原则，假设截取的细分单元是中间态的，即生产正在进行中。

在图 5 – 2 中有一个输入两个输出和一个循环，弧系数都是 1，从守恒 Petri 网的角度看，此系统是非守恒的，因此在 P_4 到 T_3 之间引入控制弧，设置 $P_4 \rightarrow T_3$ 的弧权值为 2。中间态的循环工序一定会有物料的停滞，因此设置其中含标识，建立 MF – PN 模型如图 5 – 3 所示，通过关联矩阵可以验证，模型是守恒的。

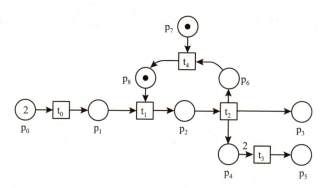

图 5 – 3   生产单元模块的 MF – PN 模型

在图 5 – 3 的基础上，建立含时间滞留的 MF – PN 模型。对于生产区域 $t_k \in T$，$k \in [0, 4]$，$k \in Z$，由于物质流必须经过所有库所，所以用库所的个数来记载物质流经过的路径长度 [30]，则生产单元模块的路径总长度为：

$$L(\alpha) = \sum_0^n P_k \qquad (5-2)$$

记物料进入 Tk 的时间为 $MAT_k(m)$，此时，Tk 的输入库所 $P_i \in \cdot t_k$ 将标识输出；物料离开 Tk 的时间为 $MLT_k(m)$，此时，Tk 的输出库所 $P_i \in t_k \cdot$ 被输入标识。由此给出，在单位路径长度中，物质流单元时间窗组成元素 TK 的时间窗为：

$$TW_k(m) = [MAT_k(m), MLT_k(m)] \qquad (5-3)$$

则物料在其中逗留的时间为：

$$ST_k(m) = MLT_k(m) - MAT_k(m) \qquad (5-4)$$

在生产单元模块中，物料在 $L(\alpha)$ 中总的滞留时间：

$$TSL(\alpha) = \sum_0^n ST_k(m), \quad p_k \in PL(\alpha) \qquad (5-5)$$

可以很容易地提取每个节点上的时滞值，这给研究因循环单元带来的原始物料投入的变化提供了方便。在之后的讨论中，记主物质流的实施序列为 σ，循环单元的实施序列为 ∂。记实施序列：

$$\sigma_0 \overset{\text{等价}}{\Leftrightarrow} P_0 > T_0 > P_1 > T_1 > P_2 > T_2 > (P_3 \cup (P_4 > T_3 > P_5))$$

$M_0[\sigma_0 > (M_3 \cup M_5)$ 中，由于是直链，不含循环环节，则路径 $M_0[P_0 > T_0 > M_1$ 中原料的投入速率是相对不变的，但是取下循环环节会导致原料的浪费和废弃物的增加，这也就从微观视角诠释了当今的资源紧张和环境污染问题。为此引入开循环单元序列：

$$M_6[(P_7 \cup P_6) > T_4 > P_8 > M_8$$

记实施序列：

$$\partial_1 \overset{\text{等价}}{\Leftrightarrow} (P_7 \cup P_6) > T_4 > P_8$$

对开循环单元进行补充，使之成为循环闭环，通过循环闭环直接计算循环路径长度。令

$$\partial_2 \overset{\text{等价}}{\Leftrightarrow} P_2 > T_2 > (P_7 \cup P_6) > T_4 > P_8 \cup P_0 > T_1$$

则闭环为 $M_1[(\partial_2 > M_1$，即标识由 M_1 通过实施序 ∂_2 又重新变为 M_1。可以发现，引入循环节点后，在某一时间节点上是由 $(P_1 \cup P_8)$ 激发 T_1，这时 P_0 的投入不再是匀速不变，而随 ∂_1 动态变化：记未引入循环环节时单位时间内 P_0 向 T_0 中投入物料的速率为定值 π_0，且在此值的情况下，P_0 连续投入，T_0 连续反应。

引入循环单元 $M_6[(\partial_1 > M_8$ 之后，对 P_0 向 T_0 的投入时间和投入速率重新考量，设定在不超过循环上限的情况下，记物料返回为定量 $W(\partial_1)$，则初始物料投入变化的时间间隔和投入速率为：

$$\Delta T = \begin{cases} TSL(\partial_2), & ST_0(m) < TSL(\partial_1) \\ \dfrac{ST_0(m) + TSL(\partial_2)}{2}, & ST_0(m) \geqslant TSL(\partial_1) \end{cases}, \quad \pi = \pi_0 - \frac{W(\partial_1)}{\Delta T}$$

$$(5-6)$$

其中 $\dfrac{W(\partial_1)}{\Delta T}$ 为已经处理完毕的循环物质流再投入到系统的速率，这样可以维持进入到 T_1 的物料量仍为 π，循环单元完成 n 次循环时 P_0 的动态投入时间轴为：

$$T(t) = \begin{cases} ST_0(m) + nTSL(\partial_2), & ST_0(m) < TSL(\partial_1),\ n = 1,\ 2,\ 3,\ \cdots \\ \dfrac{ST_0(m) + TSL(\partial_2)}{2}n, & ST_0(m) \geqslant TSL(\partial_1),\ n = 1,\ 2,\ 3,\ \cdots \end{cases}$$

$$(5-7)$$

5.3.3 基于 MF – TPN 法的多循环单元仿真优化

通过 5.2 节的讨论，可以定量计算单一循环模块的物质投入时间和投入速率，从而做到减量化生产。但是，在实际的物质流系统中，往往有多个循环单元，且前一个循环单元会制约后面循环单元的回收量，引入时间 Petri 网，运用时间轴来定量计算物料的投入情况。假定在物质流系统中含有 n 个循环单元，建立如图 5 – 4 所示模型：

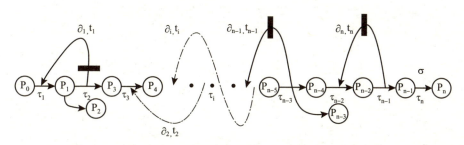

图 5 – 4　多循环单元 MF – TPN 模型

按照单个循环单元的投入算法，对每个分单元进行计算，则初始物料投入变化的时间间隔为：

$$\Delta T_i = \begin{cases} TSL(\partial_{ci}), & TSL(\sigma_{i-1}) < TSL(\partial_i) \\ \dfrac{ST_0(m) + TSL(\partial_{ci})}{2}, & TSL(\sigma_{i-1}) \geqslant TSL(\partial_i) \end{cases}$$

$$(5-8)$$

设定 τ 是时间刻度，可得物质流系统各个循环单元将物质流注入循环终点库所的时间轴分布：

$$T(\tau_i) = \begin{cases} TSL(\sigma_{i-1}) + nTSL(\partial_i), & TSL(\sigma_{i-1}) < TSL(\partial_i), \ n=1,2,3,\cdots \\ \dfrac{TSL(\sigma_{i-1}) + TSL(\partial_i)}{2}n, & TSL(\sigma_{i-1}) \geqslant TSL(\partial_i), \ n=1,2,3,\cdots \end{cases}$$

$$(5-9)$$

模型中，(σ_{i-1}) 表示闭循环前的物质流主流实施序列，∂_i 表示第 i 个闭循环实施序列。设定物料投入在没有超过系统额定上限时，各个循环单元 ∂_i 产出的中间物料相对于最初投入 P_0 的产出率 λ 固定不变，则在 $[0, t]$ 内 P_0 投入速率 π：

$$\begin{cases} \pi = \pi_0 - \sum\limits_{i=1}^{n} \dfrac{W(\partial_i)}{\lambda_i \Delta T_i}\mu_i \\ \mu_i = \left[\dfrac{t - TSL(\sigma_{i-1})}{TSL(\partial_i)} \right] \end{cases}$$

$$(5-10)$$

其中，$[\quad]$ 为取整符号，t 为初始物料投入的动态时间轴。同时也可以由此计算 t 时间内循环系统带来的物料节约量和节约率：

$$W(\partial) = \sum\limits_{i=1}^{n} \dfrac{W(\partial_i)}{\lambda_i}\mu_i, \eta = \dfrac{W(\partial)}{t\pi} \qquad (5-11)$$

η 是从物料投入角度，不考虑时间效率情况下的极限效率。

5.4 氯化钾生产工序 MF - PN 模型的构建及仿真优化实例

基于青海某盐湖企业的生产系统的物料平衡账户数据，运用 MF - TPN 算法进行建模仿真研究。以分钟为单位，利用时间滞留物质流模型对氯化钾生产线过程进行仿真分析，进而对减量化效率进行定量核算。

5.4.1 氯化钾生产工序的 MF - PN 模型构建

氯化钾的生产工序主要包括光卤石原料及辅料的投入，内部工序主要包括筛选破碎，分解转化，粗选与精选，过滤，浆洗，母液与工业用水回收利用，干燥包装，余热利用，最终的产品产出。参照氯化钾生产工艺，建立 MF－PN 模型，用 Petri 网语言来描述物质流循环效率，模型如图 5－5 所示。

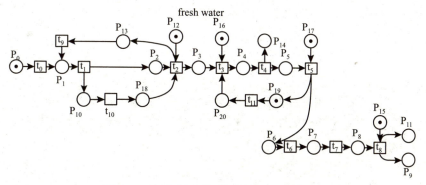

图 5－5　氯化钾生产过程的 MF－PN 模型

本模型中采用不加解释 Petri 网建模的形式，只给出关键库所的概念，其中 P_0 为原辅料的投入，P_{12} 为新鲜水，P_{16} 为煤和天然气投入，P_{17} 为电能投入，P_9 为产成品，P_{11} 为废液，P_{14} 为粉尘等废物的排放。该模型为高度概括模型，库所和变迁可以细分为更加具体的环节，这里只提取关键节点进行研究，将对系统贡献不明显的环节揉合成一个库所或变迁来处理。

利用 MF－TPN 语言来描述其中的两个逆物质流和两个内部深加工序：

循环 1：内部浮选母液开循环物质流 ∂_1 和闭循环物质流 ∂_2 表示为：

$$\partial_1 \overset{\text{等价}}{\Leftrightarrow} P_{13} > T_9 > P_1, \quad \partial_2 \overset{\text{等价}}{\Leftrightarrow} P_1 > T_1 > P_2 > T_2 > P_{13} > T_9 > P_1,$$

则 $\partial_1 \partial_2$ 的实施序列和时间滞留分别表示为：

$$M_{13}\big[\,(\partial_1 > M_1, \quad TSL(\partial_1) = ST_9(m)\,, \quad p_k \in PL(\partial_1) \qquad (5-12)$$

$$M_1\big[\,(\partial_2 > M_1, \quad TSL(\partial_2) = \sum_1^2 ST_k(m) + ST_9(m)\,, \quad p_k \in PL(\partial_2)$$

$$(5-13)$$

循环 2：洗涤母液开循环物质流 ∂_3 和闭循环物质流 ∂_4 表示为：

$$\partial_3 \overset{\text{等价}}{\Leftrightarrow} \; > P_{19} > T_{11} > P_{20}$$

$$\partial_4 \overset{\text{等价}}{\Leftrightarrow} \; > (P_3 \cup P_{20} \cup P_{16} \rightarrow \cdot\,) > T_3 > P_4 > T_4 > (\,\cdot \rightarrow P_{14} \cup P_5) \cup$$

$$(P_{17} \rightarrow \cdot\,) > T_5 > P_{19} > T_{11} > P_{20}$$

于是，$\partial_3 \partial_4$ 的滞留时间为：

$$TSL(\partial_3) = ST_{11}(m)，p_k \in PL(\partial_3) \tag{5-14}$$

$$TSL(\sigma_4) = \sum_3^5 ST_k(m) + ST_{11}(m)，p_k \in PL(\sigma_4) \tag{5-15}$$

5.4.2 氯化钾生产系统数据分析

为了排除偶然性，对 2014 年度第 1 季度所有数据做平均处理，以平均每分钟投入产出为研究对象，工序中具体的物料平衡账户清单如下表 5-1 所示。

表 5-1　　2014 年氯化钾生产系统第一季度平均每分钟物料平衡账户

输入（R）				输出（O）			
名称	数量（吨）	投入速率（吨/分钟）	比值（公斤/吨）	名称	数量（吨）	循环速率（吨/分钟）	比值（公斤/吨）
原矿	256.48	4.27	59.84	产品	18	—	4.24
辅料	0.04	0.0007	0.01	废液	92	—	21.43
新鲜水	66.67	1.10	15.46	系统滞留物料	109	—	25.40
煤、天然气	105.81	1.76	24.69	内部浮选循环滤液	54	0.8977	12.58
—	—	—	—	内部洗涤滤液再循环	44	0.7267	10.25
—	—	—	—	废弃物	112		26.10
合计	429		100.00		429		100.00

在表 5-1 中，原料主要是原矿和母液，辅料主要是十八胺、2#油、盐酸和防结块剂。在原辅料的投入方面，采用基于时间轴的动态投入方法，对投入量进行定量计算。

对氯化钾生产物质流系统中的循环量和循环时间戳进行讨论。表 5-1 中的物料总输入等于总输出和系统内物料残余的总量，因此物料守恒。对建立的模型进行仿真验证，观察其守恒性。在输入库所中加入标识，运用动态跟踪观察法来研究物质流系统的效率特性，其中原始托肯个数为 6，最终模型仿真结果为 P_2，P_9，P_{11}，P_{14}，P_{18}，P_{20} 中个含有一个标志 M，和为 6，所以与输入的值相等，即模型总体守恒，其中在 $\sigma_{1,2,3}$ 中都存在原料残余。

在本模型中 3 个分支工序使得物料的投入情况变得较为复杂，考虑到系统的整体性，必须以全局的时间戳进行动态投入。在氯化钾物质流系统中，各个工序的时间间隔为：

$$\mathrm{ST}_0(\mathrm{m}) = 5, \ \mathrm{ST}_1(\mathrm{m}) = 10, \ \mathrm{ST}_2(\mathrm{m}) = 10, \ \sum_3^5 \mathrm{ST}_k(\mathrm{m}) = 20,$$

$$\sum_6^8 \mathrm{ST}_k(\mathrm{m}) = 15, \ \mathrm{ST}_9(\mathrm{m}) = 15, \ \mathrm{ST}_{10}(\mathrm{m}) = 20, \ \mathrm{ST}_{11}(\mathrm{m}) = 10, \ 单位：min。$$

据此，可以作 MF – TPN 模型：

分析图 5 – 6 可得，第 25 分钟 P_3 经过 15 分钟的时间间隔后，在第 40 分钟循环回了 P_1。需要特殊说明的是，图 5 – 6 中的 P_3 实际上是可再分库所，相当于图 5 – 5 中的（$P_3 \cup P_{13}$），即图 5 – 6 实际上是一个高阶层次时间 Petri 网。在图 5 – 6 时间轴的基础上，建立基于时间戳的原辅料动态投入模型，研究物质流在循环节点约束条件下各时间节点的投入表现。

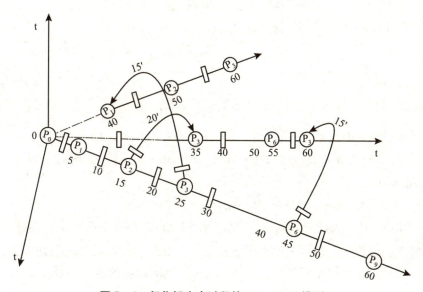

图 5 – 6　氯化钾生产过程的 MF – TPN 模型

5.4.3　数值计算及仿真结果分析

基于 5.3 节的仿真模型，我们对氯化钾生产系统物料动态投入的时间戳

和投入量作定量计算。首先建立循环单元 1 和 2 的时间轴，由于

$$\text{TSL}(\sigma_2) = 5 + 10 + 10 = 25 > \text{TSL}(\partial_1) = 15 \qquad (5-16)$$

$$\text{TSL}(\sigma_5) = 25 + 20 = 45 > \text{TSL}(\partial_3) = 10 \qquad (5-17)$$

所以循环单元 1、2 将逆向物质流注入 P_1 的时间戳为：

$$T(\tau_1) = \frac{\text{TSL}(\sigma_{i-1}) + \text{TSL}(\partial_i)}{2} n = 20n, \quad T(\tau_2) = 27.5n, \quad n = 1, 2, 3, \cdots, n \in Z$$

$$(5-18)$$

每次投入物料的时长分别为

$$\Delta T_1 = 20\text{min}, \quad \Delta T_2 = 27.5\text{min}.$$

本系统中，设定不超各循环单元循环上限的情况下，循环物质流的循环率固定，系统中循环单元产出的中间物料相对于最初投入 P_0 的产出率固定，根据中间物料的量，计算得：

$$\lambda_1 = 0.89, \quad \lambda_2 = 0.75; \quad \omega_1 = 0.21, \quad \omega_2 = 0.17;$$

$$\pi_0 = 4.27, \quad \pi_1 = 0.8977, \quad \pi_2 = 0.7267$$

则在 $[0, 60]$ 内 P_0 投入速率 π：

$$\begin{cases} \pi = \pi_0 - \sum_{i=1}^{2} \dfrac{W(\partial_i)}{\lambda_i \Delta T_i} \mu_i \\ \mu_i = \left[\dfrac{t - \text{TSL}(\sigma_{i-1})}{\text{TSL}(\partial_i)} \right] \end{cases} \qquad (5-19)$$

将循环逆流数据及 λ、ω 代入式（5-19）得：

$t_1 \in [0, 20]$：$\pi = \pi_0 = 4.27\text{t/min}$；$t_2 \in [20, 27.5]$：$\pi = \pi_0 - \pi_1/\lambda_1 = 3.26\text{t/min}$

$t_3 \in [27.5, 40]$：$\pi = \pi_0 - \pi_1/\lambda_1 - \pi_2/\lambda_2 = 2.29\text{t/min}$；

$t_4 \in [40, 60]$：因产成品的量是定值，所以循环 2 的速率仍为 π_2，循环 1 比较特殊，这是因为在 t_3 时间窗的条件下，原始投入的减量化影响到了 P_2 的量，这时需要计算循环单元 1 在 $\Delta t_2 + \Delta t_3$ 时间间隔内的逆流存量：

$$W(\partial_1) = \omega_1 \times (\pi_0 - \pi_1/\lambda_1)\Delta t_2 + (\omega_1 \times (\pi_0 - \pi_1/\lambda_1) - \omega_2 \times \pi_2/\lambda_2)\Delta t_3 = 11.64\text{t}$$

$$(5-20)$$

$$\pi_1' = \frac{W(\partial_1)}{\lambda_1 \Delta T_1} = \frac{11.64}{0.89 \times 20} = 0.65\text{t/min}; \quad \pi = \pi_0 - \pi_1' - \pi_2/\lambda_2 = 2.65\text{t/min}$$

$$(5-21)$$

由定量计算可得，从停机状态开始 P_0 投入到 T_0 的原料量呈脉冲状，如图 5 - 7 所示。

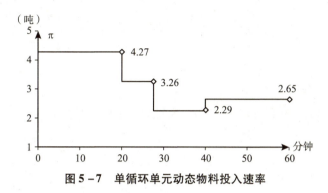

图 5 - 7　单循环单元动态物料投入速率

通过图 5 - 7 可以清晰地看出在 60 分钟内各个时间点上的物料投入情况，按照图 5 - 7 的时间戳进行物料投入，物料利用率是最优的，物料减投率为：

$$\eta = \frac{W(\partial)}{t\pi} \times 100\% = \frac{64.725}{256.2} \times 100\% = 25.26\% \qquad (5 - 22)$$

在开机工作后的 60 分钟内，前 20 分钟以 4.27 吨/分钟的投入速率匀速投入；第 20 ~ 27.5 分钟内，以 3.26 吨/分钟的投入速率匀速投入；第 27.5 ~ 40 分钟内以 2.29 吨/分钟的投入速率匀速投入，第 40 ~ 60 分钟内，以 2.65 吨/分钟的投入速率匀速投入。这是在原生产线机器不改变各自生产率的情况下的最优投料速率，相比以 4.27 吨/分钟的速率匀速不变的投料方式可减量化 25.26%，大大降低了资源投入量，同时减量化投入降低了废弃物的排放量，从源头上有效地减轻了资源负担。

5.5　案例小结

本文面向连续投入的循环物质流系统，以实现系统减量化投入为主要目标，重点研究了物料投入时间戳和投入量问题，通过模型仿真计算，优化了系统投入方案，大幅提高了减量化效率，并通过实证验证了模型的合理性和可行性，具体研究工作如下：

①在现有物质流和时间 Petri 网研究基础上，定义了 MF－TPN 模型算法。基于算法建立了物质流生产单元的时间滞留模型，并对系统中的时间轴 $T(\tau_i)$ 进行了量化；运用算法定义了物质流路径 $L(\alpha)$，运用托肯的动态变化性来动态监视物质流中的物料消耗程度、循环进度和减量化效率，从而方便了对物质流系统的优化研究。

②基于 MF－TPN 模型进行了减量化生产的物料参数定量计算。从单循环系统出发，推导出多循环减量化系统中物料最优投入速率 π，并定量计算了 t 时间内的节约量 $W(\partial)$ 及效率 η。在实证研究中，通过时间轴模型 $T(\tau) = 0.5(TSL(\sigma_{i-1}) + TSL(\partial_i))n$，量化了逆向物质流的时间戳分别为 20n 和 27.5n，通过速率模型，得到了各关键节点的实际投入速率，并得到物料投入速率的脉冲图。最终由减投率公式 $\eta = W(\partial)/t\pi$ 计算出优化系统的最大减投率为 25.26%，在不改变物质流系统设备布局的情况下，MF－TPN 模型实现了减量化生产效率的最大化。

综上所述，本文提出的 MF－TPN 系统优化模型在提高原料利用效率、实现减量化、再利用生产的同时，还降低了废弃物排放所带来的环境压力问题，从源头上有效地提高了循环经济园区减量化的运行效率。由于实际应用问题比较复杂，本文只针对物质流进行了仿真建模研究，对能量流研究较少，对成本流未进行研究。在后续的研究中，将加入能量流和成本流两大体系，从微观层面研究循环不经济的原因及有效解决措施。

第 6 章

资源循环仿真系统的设计与建立

通过对过程工业特征的分析，确定资源循环仿真系统功能需求，建立系统总体框架，选择系统结构模式，研究系统体系结构，最终对系统及其后台运行的数据库做详细的设计，对功能进行细化，建立生产过程的资源分析基本模型，进一步研究生产过程中不同物质流可能对物质消耗指标、环境效率指标等产生的影响，以期系统能够帮助企业找到生产环节中抑制循环经济发展的"瓶颈"问题。

6.1　系统结构设计

系统共分为工艺过程仿真（物质流建模、过程定义模块、物料平衡核算）、循环经济评价与优化（循环经济特征指标计算、碳足迹、水足迹、循环经济效益分析、循环经济优化分析）等，循环经济试验区产业集群虚拟合作仿真系统功能模块图如图 6 – 1。

①系统结构模式及开发技术。B/S 和 C/S 是当今软件设计领域的两大主流技术架构。两种架构各有其优缺点，鉴于资源循环仿真系统的技术特点以及企业实际管理需要，本系统采用 C/S 的结构模式。

Client 和 Server 常常分别处在相距很远的两台计算机上，Client 程序的任务是将用户的要求提交给 Server 程序，再将 Server 程序返回的结果以特定的形式显示给用户；Server 程序的任务是接收客户程序提出的服务请求，进行相应的处理，再将结果返回给客户程序。C/S 结构的基本原则是将计算机应用任务分解成多个子任务，由多台计算机分工完成，即采用"功能分布"原则。客户端完成数据处理，数据表示以及用户接口功能；服务器端完成 DBMS（数据库管理系统）的核心功能。这种客户请求服务、服务器提供服务的处理方式是一种新型的计算机应用模式。C/S 结构应用服务器运行数据负荷较轻，数据的储存管理功能较为透明。

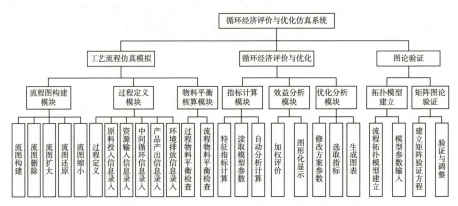

图 6-1　循环经济网络虚拟实验仿真系统功能模块

应用 Microsoft 技术开发系统，大大提高系统设计的工作效率，简化了管理和维护工作，同时也提高了性能和可伸缩性，扩展对于不同终端设备的支持能力。提高工作效率表现在将应用程序代码行数减少了约 70%，进而使开发人员将更多注意转移到实现业务逻辑上。提高性能和可伸缩性，主要体现在优化内部处理机制、扩展高速缓存功能以及增加对服务器支持等方面。另外系统扩展了对于不同终端设备的支持能力，提高浏览器等终端设备支持能力，通过扩展控件功能，使得同一控件能够支持多种设备。

②系统体系结构构成。企业循环经济虚拟合作仿真系统主要由数据层、数据访问层及基础功能层、核心业务层、业务层、表现层和客户端构成。

数据层采用关系数据库和磁盘文件，存放系统有关信息及附件、图片等相关文件。包括原始信息、用户录入信息、分析评价结果信息等业务信息和系统运行所需的配置信息、监控信息等。

数据访问及基础功能层用于提供经过封装的数据存取、数据转换以及通信接口。该层的实现方式与数据层密切相关，随其采用的服务器软件不同而变化，但为业务逻辑层提供的无差别的访问接口，以保证业务逻辑层的可移植性。

基础功能层提供与用户无关的数据访问、用户认证、权限管理、过程管理、参数管理、信息查询、统计数据、保存打印、显示图形以及系统管理等基础功能。

其中权限管理、过程管理、参数管理等信息为系统运行所需的环境信息。这些信息的数量非常大，每个用户均需要使用，而且根据用户角色不同，这些信息所包含的内容也不相同，因此利用 O/R 映射将其以对象的方式存放于系统中。

业务层为系统核心业务的实现提供工具，业务层在处理系统数据中有着重要的作用和功能，比如根据各个页面的参数信息确定所显示的数据，根据角色的数据权限为用户提供可定制的查询、统计功能，并提供与其他系统的数据接口。同时在系统内部充分采用灵活性高的组件及中间件开发技术，以提高系统的通用性和可移植性。

系统的表现层主要是采用网页的方式为用户提供信息显示和操作界面。系统将以 ActiveX 控件的方式显示格式复杂的数据，同时广泛 AJAX 技术与服务器端相结合，为用户提供友好的用户界面和帮助信息。对于需要提供外部使用的接口，可以以网页的形式提供，与内部调用使用同样的业务逻辑接口，保证数据的一致性、完整性和及时性。

客户端只需要使用操作系统提供的浏览器，以及本系统提供的 ActiveX 控件，即可使用本系统的各项功能。

系统结构见图 6 − 2。

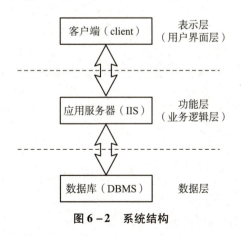

图 6 − 2　系统结构

6.2　系统功能设计

6.2.1　仿真系统主要功能设计

仿真系统主要功能如表 6 – 1 所示。

表 6 – 1　　　　　　　　　　　系统首页功能描述

序号	功能名称	功能描述
1	工艺过程仿真模块	支持用户构建任意形式的物质流图，适合于各种产品生产过程的物质流建模
2	过程定义模块	用户可以通过手工录入或导入两种方式向物质流图的过程线条中输入清单数据，也可以对清单数据进行修改或删除，定义后的过程可进行转换，转换后能直观的显示出过程走向中的基本数据，使过程更加形象
3	物料平衡核算模块	支持用户对单个过程或者整个过程的输入输出进行物料平衡核算检查
4	指标计算模块	提供用户进行评价的循环经济特征指标计算模型，用户可以设定一套计算条件并得到一套计算结果。在一次计算条件设置中，可以通过选择多个基准流，或者因为某些过程设置了多数据组，一次性设置并选择多个计算方案，并在"计算结果"中对这些计算方案进行对比分析
5	碳、水足迹模块	用户可分别对过程中每一过程（即每一个被定义的线条）的碳足迹和水足迹进行查看，其中碳足迹包括直接碳足迹和间接碳足迹
6	效益分析模块	提供了多种数据图表、数据选项，方便用户对计算结果进行图表分析，直观体现实施循环经济效益
7	优化分析模块	用户可以对方案进行参数优化，支持多个方案的对比分析，选出结果最优方案

　　该系统主要包括登录模块、物质流图模块、过程定义模块、碳、水足

迹模块、物料平衡核算模块、指标计算模块、效益分析模块和优化分析模块。

数据操作。数据操作模块包括数据添加、查询、修改、删除、计算、保存等。数据操作模块功能结构如图6-3所示。

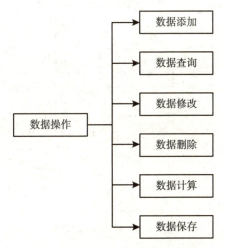

图6-3　数据操作模块功能结构

数据操作过程图如图6-4、图6-5所示。

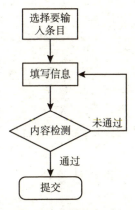

图6-4　数据添加过程

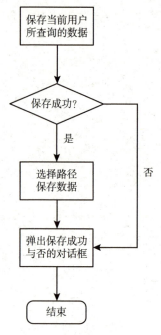

图6-5 数据保存过程

数据操作模块功能如表6-2。

表6-2　　　　　　　　　　　　数据操作模块功能

功能名称	功能描述
数据添加	弹出数据添加对话框，选择一个或多个数据对象，添加数据到当前信息栏目中。添加信息包括企业物料、资源投入、产品产出、环境排放等清单数据信息
数据查询	在该栏目上端添加搜索条，实现对该数据表相关字段的查询，同步显示用户查询的信息，并且在显示窗口中高亮显示查询结果
数据修改	选中栏目中的相关信息，实现对该数据的直接修改，显示修改后结果
数据删除	删除用户选中的清单数据相关的信息
数据计算	根据不同计算模型和评价指标，实现相关数据计算和分析结果
数据保存	完成内容填写，并通过格式检测后，提交信息。选择路径，保存当前的查询数据

6.2.2　物质流分析模块功能设计

①物质流分析模块概述。在企业物质流分析过程中常通过物质流图的形式显示物质分布、物质循环过程等信息，物质流图数据通过用户录入或自动

导入存储到数据库中，记录了工艺过程中物质变迁各个阶段的具体数据，为以后的计算和分析提供原始数据。该模块主要提供物质流图的重要组成部分框图和联系的添加和删除，已经对建成的物质流图的扩大、缩小与还原。其整体过程见图 6－6。

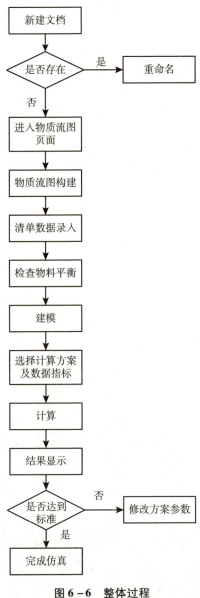

图 6－6 整体过程

②物质流分析建模过程。物质流建模操作主要包括新建添加框、添加连线、删除、建模、扩大、缩小、还原等功能。物质流建模的过程图如图6-7所示。

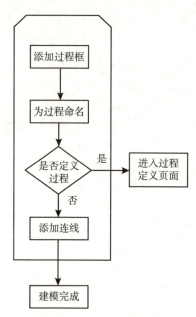

图6-7 "物质流建模"过程

③物质流分析模块功能组成。物质流分析模块由物质流图绘制模块、物质流图修改模块、物质流图保存模块组成，如表6-3所示。

表6-3　　　　　　　　　　　　　　　模块功能

功能名称	功能描述
物质流图绘制	弹出过程图添加对话框，选择一个或多个要素类，绘制企业不同工艺的物质过程图，使各物质循环利用过程形成可视化、直观的图形
物质流图修改	选择所要修改的物质过程图，选中要修改的信息，进行添加、删除等修改操作，生成新的过程图
物质流图保存	将当前过程图用户指定的路径保存当前的过程图，或输出成图片保存

④过程定义操作。过程定义模块主要提供用户通过手工录入或导入两种方式分别输入物质流图中每个过程的详细清单数据，即单个过程的产品产出、原料投入、资源投入、环境排放、可回收利用物质等，也可以对清单数据进行修改或删除。对过程定义完毕后，可以检查过程的物料平衡。

过程定义操作包括系统常用的：过程描述、产品产出、原料投入、资源投入、环境排放、可回收利用物、数据收集等信息的录入功能。过程定义操作功能结构如图 6-8 所示。

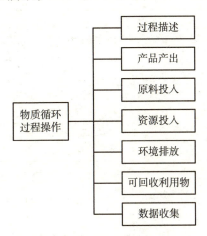

图 6-8 过程定义模块操作功能结构

过程定义过程图如图 6-9 所示。

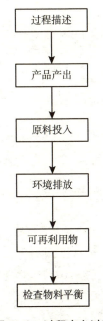

图 6-9 过程定义过程

⑤过程定义功能。过程定义功能描述如表6-4所示。

表6-4   过程定义功能描述

名称	描述
过程数据描述	实现不同过程数据的记录，包括项目描述和数据集描述的一致性信息
产品产出	产品名称、数量、单位的数据添加
原料投入	原料名称、数量、单位的添加、替换、过滤等信息录入
资源投入	非原料类的名称、数量、单位的添加、替换、过滤等信息录入
环境排放	向环境排放的物质名称、数量、单位的添加、替换、过滤等信息录入
可回收利用物	可回收利用物的名称、数量、单位的添加、替换、过滤等信息录入
数据收集	整理数据清单、过程参数等基本信息
保存	保存过程数据
功能	设定过程属性和命名

⑥资源循环计算操作。资源循环计算操作包括系统常用的：物料平衡核算、循环经济特征指标计算、资源循环效益分析、资源循环优化分析等。物料平衡核算过程图如图6-10所示。

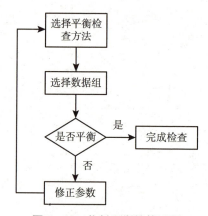

图6-10   物料平衡核算过程

循环经济特征指标计算功能结构如图6-11所示，物质循环指标计算过程图如图6-12所示。

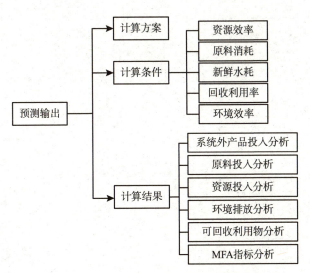

图 6 - 11 物质循环指标计算功能结构

循环经济特征指标计算过程图、物质循环效益分析过程图如图 6 - 12、图 6 - 13 所示。

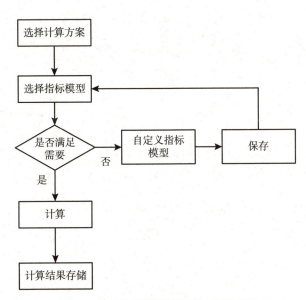

图 6 - 12 循环经济特征指标计算过程

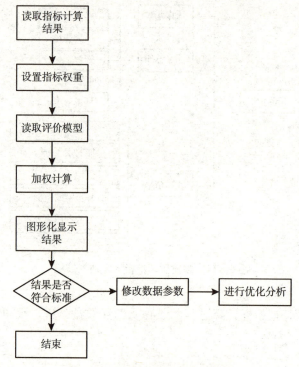

图 6 – 13　物质循环效益分析过程

⑦资源循环优化分析过程图如图 6 – 14 所示。

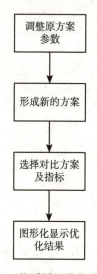

图 6 – 14　物质循环优化分析过程

资源循环优化分析模块功能为：

a. 数据入库：数据入库功能提供用户便捷的将数据导入到数据库中的功能。

b. 数据分析：根据模型选择的数据内容和计算条件生成分析图表。

6.3 系统数据库设计

本系统设计过程最重要的一个环节之一是数据库结构设计，因为它与系统的性能，系统的编码实现紧密相关。数据库结构的好坏决定了仿真系统的成功与否。本系统共有一个数据库。

6.3.1 基础数据库

基础数据库的有关内容见表 6 - 5 ~ 表 6 - 10。

表 6 - 5　　　　　　　　　　　主过程表 Main_Flow

序号	字段名称	物理名称	数据类型	主键	唯一键
1	MF_ID	唯一标识	Long	●	◇
2	MF_Name	主过程名称	Varchar（200）		

表 6 - 6　　　　　　　　　　　　过程表 Process

序号	字段名称	物理名称	数据类型	主键	唯一键
1	ProcID	唯一标识	Long	●	◇
2	ProcName	过程名称	Varchar（200）		
3	MF_ID	主过程主键			

表 6 – 7   产品表 Product

序号	字段名称	物理名称	数据类型	主键	唯一键
1	ProdID	唯一标识	Long	●	◇
2	ProdName	产品名称	Varchar（200）		
3	Is_main_product	主产品标识	Char（1）		

表 6 – 8   单位表 Unit

序号	字段名称	物理名称	数据类型	主键	唯一键
1	UnitID	唯一标识	Long	●	◇
2	UnitName	单位名称	Varchar（50）		

表 6 – 9   关系类型表 Relation_Category

序号	字段名称	物理名称	数据类型	主键	唯一键
1	RC_ID	唯一标识	Long	●	◇
2	RC_Name	关系类型名称	Varchar（50）		

表 6 – 10   关系表 Relation

序号	字段名称	物理名称	数据类型	主键	唯一键
1	ReID	唯一标识	Long	●	◇
2	ProcID	过程 ID	Long		
3	ProdID	产品 ID	Long		
4	UnitID	单位 ID	Long		
5	RC_ID	关系类型 ID	Long		
6	RC_Name	关系类型名称	Varchar（50）		
7	Quant	数量	Long		

6.3.2 数据库实体关系

为使数据库可视化，可创建实体关系图，以显示数据库中部分或全部表、列、键和关系。如图 6 – 15 所示，是系统整个后台数据库的实体关系图。

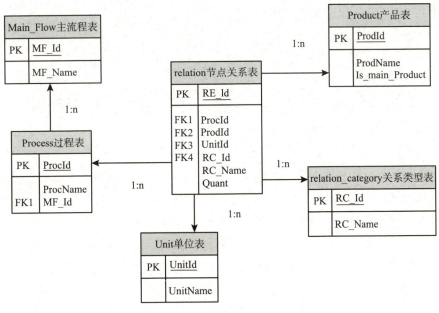

图6－15　数据库实体关系

6.4　系统功能实现

　　需求设计任务是确定系统必须能够实现哪些功能，即对目标提出完整、准确、清晰、具体的要求，需求设计的实现是系统开发的基础。现有的过程仿真系统一般仅注重对某一特定工业过程的仿真，例如化工、石油天然气、自动化、电力系统或者矿业等的模拟分析，并不能实现对一般类工业生产制造过程的通用仿真，且在仿真应用中注重对过程清单数据的输入、影响评价及结果分析，而对同一个工业过程的多方案对比功能、不同工业过程的过程直观图显示功能、影响指标分析的自定义功能及指标优化分析的验证功能都没有太多涉及。因此，此类过程仿真软件通用性具有较大局限，不能满足一般性过程企业的使用需求。本文中所叙述的这套过程工业仿真系统，不仅具有一般仿真软件的功能如过程模拟，指标分析影响评价等功能，还具有在过程图中显示设备实体、以粗细和不同颜色显示不同物料及流量大小、分析指标用户自定义及方案优化等，具有其他软件不具备的、适合于不同行业、根据不同需求自定义使用的通用性。

6.4.1 输入功能设计

工业过程仿真系统是为了实现对工业过程的模拟、演示和分析工业生产的过程，用户首先按照工艺要求完成对过程图的绘制工作，根据产品工艺过程在系统中绘制生产过程物质流图。以生产过程分析为理论依据，过程图元模型表现功能分为发生器、合成器、处理器、分解器、暂存区及直曲连接线（见表6-11），其中发生器、合成器、处理器、分解器、暂存区合成图元框元素。由于基本工序可分为合成反应工序与分解反应工序，当反应不能判定是否属于合成反应或分解反应或属于混合反应或其他个别情况时，该反应用发生器表示，因此发生器、合成器、分解器针对工序分类中的基本工序。当工艺过程不参与产品的生成过程，只是在产品生产的上下游基本工序间，对反应物做准备反应的处理时，该过程用暂存区或处理器表示，如水洗、除尘、蒸馏、包装、除杂、净化、保护、运输等，处理器与暂存区属于辅助工序。每个图元框及连接线的参数设置包括物料名称、物料属性、数量、单位、过程属性等，物料属性分为主料流、辅料流、能料流、产品流、环境排放流和中间循环流，对应的过程属性分为原料投入过程、辅料投入过程、能源投入过程、环境排放过程、中间循环过程和产品产出过程（见表6-12）。数值属性的设置在图元的连接线中，包括数量、单位、价格、主参数、含水率、含碳率等（见表6-13）。

表6-11　　　　　　　　　　　图元属性表

图元属性	发生器	合成器	处理器	分解器	暂存区	连接线
参数设置	GenPara	SynPara	ProcPara	DecoPara	StorPara	ConnPara

表6-12　　　　　　　　　　　过程属性表

过程属性	原料投入	辅料投入	能源投入	环境排放	中间循环	产品产出
参数设置	MainInput	AuxiInput	EnerInput	EnvirEmi	InterCycle	ProdOutput

表 6－13　　　　　　　　　　　　　数值属性表

数值属性	数量	单位	价格	主参数	含水率	含碳率
参数设置	QuanPara	UnitPara	PricPara	MainPara	WaterRtoPara	CarRtoPara

过程中各个工序作为网络的节点，与物料是从外界加入或流向系统之外的，流入或流出点也当做网络图的节点，每一个管段看作拓扑图的边。节点与管段构成过程网络拓扑图的基本要素，节点与管段的参数信息构成过程网络拓扑图的基本信息。管段与节点的信息分别如表 6－14 ～ 表 6－16 所示。

表 6－14　　　　　　　　　　　　网络拓扑图属性表

输入对象	属性
节点	主原料输入点、辅料输入点、能料输入点、环境排放点、中间循环点、产品输出点、工序物料点、出点物料点
管段	主原料管段、辅料管段、能料管段、环境排放物料管段、中间循环物料管段、产品流管段、工序点与出点间物料管段

表 6－15　　　　　　　　　　　　　节点属性表

节点属性	节点编号	节点流量	上坐标	下坐标	工序名称	流量名称
参数设置	NodeNumber	NodeFlow	NodeUpCoor	NodeDownCoor	ProceName	FlowContent

表 6－16　　　　　　　　　　　　　管段属性表

管段属性	管段编号	管段流量	上游节点	下游节点	流量方向	管段名称
参数设置	TubNumber	TubContent	UpstrNode	DownstrNode	FlowDirection	TubName

根据工业的过程框图及框图的属性数据参数与现有信息，对过程中节点与管段的信息分别进行定义。从过程起点沿工序流方向，各节点和管段处于某确定工序，由此节点和管段可按工序关系进行编号，然后将节点信息、边信息分别加权于过程工序网络图中的节点和管段上。这种反映顺序关系的节点编号、管段编号直接决定了网络图中节点与管段的数据组织。通过对管网图中节点与边的编号、节点属性与边属性的信息赋值，系统识别并获取管网图信息的过程即是创建过程拓扑图的过程。

6.4.2 输出功能设计

在完成过程图的输入定义工作后，点击软件的转换按钮，系统根据物料属性定义转化成用不同颜色和线条及设备图片显示的仿真过程图。完整的工业过程输出图由工序名称及其连接关系、参与不同工序的物料名称、数量、数量单位等组成。在显示过程中，图元框处显示该图元框表示物料的名称或者工序名称如表6-17。连接线的颜色表示不同属性的物料，连接线不同的粗细程度表示物料数量的多少。定义连接线不同的颜色表示不同性质的物料：蓝色表示主原料，灰色表示辅料，绿色表示能料，黄色表示中间循环料，紫色表示产品料，棕色表示环境排放料如表6-18。由于每个工序及连接线都有属性设置功能，可以查看各个节点的状态参数，系统还能够根据输入输出的物流状态存储数据清单，生成物料清单表，用以系统指标分析阶段。该显示图打破以往单一的点线连接图的局限，为用户提供直观的仿真视觉效果，用户能够清晰了解到各工序的名称，不同工序使用的物料及其数量，方便用户做出过程优化改善。

表6-17 图元框输出属性表

图元框输出属性	物料名称	工序名称
参数设置	MatName	LineName

表6-18 连接线输出属性表

连接线输出属性	主料	辅料	能料	循环料	产品	环境物料	物料数量	数量单位
参数设置	BlueCol	GreyCol	GreenCol	YellowCol	PurpleCol	BrownCol	MatQt'ty	Qt'tyUnit

在进行图论验证功能时，系统根据输入功能中节点与管段的信息设置，生成相应网络拓扑图，为计算功能提供信息支持（见表6-19）。

表 6 – 19　　　　　　　　　　　　　网络图输出对象属性

输出对象	属性
横线圆	物料点，包括：主原料输入点、辅料输入点、能料输入点、环境排放点、中间循环点、产品输出点、工序物料点、出点物料点
空心三角形	工艺名称，包括基本工艺与辅助工艺
实心三角形	物料流动方向
连接线	仅有连接横线圆与空心三角形的连接线表管段；其余仅表示连接关系，不在矩阵关系中出现

6.4.3　物料平衡核算功能设计

过程工业基于拓扑关系和图论理论的仿真计算功能，涉及网络拓扑学知识，其整体设计结构是根据工业的过程框图及框图的属性数据参数，建立网络拓扑模型，在过程简图上标注节点的个数与序号、管段与节点的连接关系，及管段的其他信息。过程中各个工序作为网络的节点，与物料是从外界加入或流向系统之外的，流入或流出点也当做网络图的节点，每一个管段看作拓扑图的边。节点与管段构成过程网络拓扑图的基本要素，节点与管段的参数信息构成过程网络拓扑图的基本信息。

工业过程制造系统是一个动态转化系统，物料经投入经过一系列物理化学转化，生产目标产品并向环境排放相应尾料。由于生产工艺受生产条件的限制，生产环境的复杂及不确定因素的影响，因此在生产过程中对原料、产品及尾料的数量控制变得尤为重要，达到物料平衡与否是检验该生产系统物料利用率、产品产出率及环境排放率的重要标准之一。物料平衡的基本原理为总投入 = 总产出，在规定的平衡边界内，任一节点必须满足"原料投入 = 产出 + 合理损失"，才算达到了物料平衡。参与整个生产系统的物料从性质分类，分为主料流、辅料流、能料流、产品流、环境排放物流和中间循环物质流，因此，对过程任一子工序检验其是否达到物料平衡的公式可用"主料 + 辅料 + 能料 + 中间循环料 = 产品料 + 环境排放料 + 中间循环料"。

第 7 章

资源循环仿真系统的实现与应用

　　系统界面是用户使用软件时所面对的操作接口，在未熟悉软件的情况下，用户对于软件的直观感受都来自于系统界面，因此系统界面势必具备模块布局清晰，操作灵活方便等特点。资源循环工业过程仿真系统分为工艺过程仿真模拟、循环经济评价与优化三大模块。系统软件的用户界面以这三大功能模块为基础，实现软件的主体功能。在本章，以某企业的过程企业为研究对象，将对系统的实现分别做介绍，并分析该企业过程生产中的资源循环情况，借此对本文研发的软件做客观评价。

7.1　系统模型的实现

7.1.1　工艺过程建立

7.1.1.1　系统界面视图

　　本化工动态仿真系统是在 Microsoft 环境下，用 C#及 SQL 技术所开发的软件，其软件界面与典型的 Microsoft 应用程序非常相似。本系统软件界面首行包括：文件、视图、文档、工具、窗口及帮助等菜单项等。其中，视图菜单下有多个标签页，用以显示不同的模块分类并易于其归类管理，包括项目描述、过程列表、过程图、指标计算、效益分析和图论验证。同样的，状态栏也有 2 个分页，模块信息页主要介绍模型的特性，用法等信息；而运行状态信息页则显示当模型运行时的各个状态。图 7 - 1 是本仿真系统的主要界面。系统首页如图 7 - 1 所示。

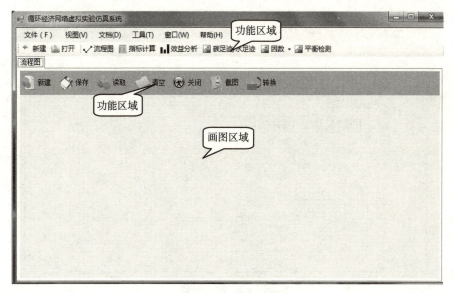

图 7 - 1　系统界面首页

其中：
- 画图区域用来构建生产仿真过程图，数据录入在建模的基础上完成；
- 功能区域 1 包括新建过程、读取已存过程以及把过程以更形象的形式展现等；

功能区域 2 对仿真过程进行物料平衡检测，对循环经济特征指标进行计算，并根据指标进行效益分析，从而为过程优化提供指导和依据。

用户登录成功后，进入系统首先要做的是根据工艺方案，建立工艺过程图，考虑到方便用户过程图的绘制，在设计时，将绘制工具置于绘制界面的左侧。当用户开始进行过程图绘制时，单击界面工具栏中的"视图"选择"过程图"，或者点击菜单栏下面的"新建"按钮，弹出对新建项目命名的对话框，如图 7 - 1。

7.1.1.2 物质流建模

点击新建，新建一个项目，输入名称并确定，如图7-2。

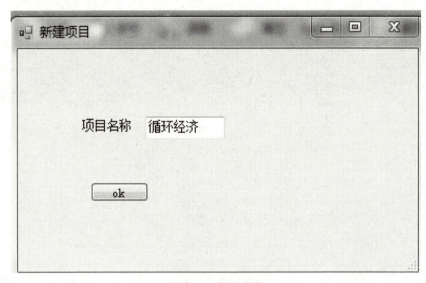

图7-2 新建项目

接着在弹出的新建过程图窗口输入过程名称并确定（见图7-3），进入过程建模界面。

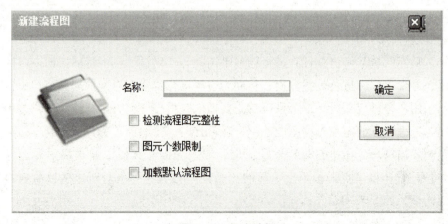

图7-3 新建过程

　　其次，通过拖动左侧的建模工具绘制过程图。在绘制过程图时，系统可以实现对工序框和连线位置、大小的改变，也可以右击选择性的删除图元。自主建模方式给用户提供灵活、自由的想象力发挥场所。用户为方便观察过程图，可以在遵循物流流向的原则下，自主调节工序框的位置，建立便捷又不失真的模拟图。当模型建立后，单击菜单"保存"命令按钮，对所建立的模型进行保存。如图 7 - 4 所示。

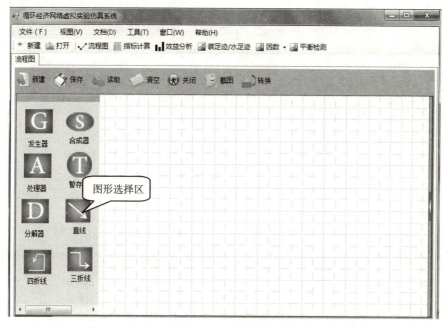

图 7 - 4　图形选择区

7.1.2　循环经济指标分析功能

　　物料平衡核算、特征指标计算。在窗口的左下角处点击过程图转化前的基本框图，对过程进行物料平衡核算。物料平衡检查可以从两个角度进行：一是单个过程：单击"过程定义"页面工具栏中"建模"下拉菜单下的检查物料平衡选项，即可弹出"平衡检查"页面。用户可以选择平衡检查方法"全物料质量""元素质量""组分质量"三种方法，系统自动给出平衡检查结果，给出输入量、输出量以及二者比值。二是整个过程：单击"物质流图"页面工具栏中"建模"下拉菜单下的检查物料平衡选项,即可对整个过程的物料进行平衡核算检查,显示方式与单个过程相同。见图7-5。

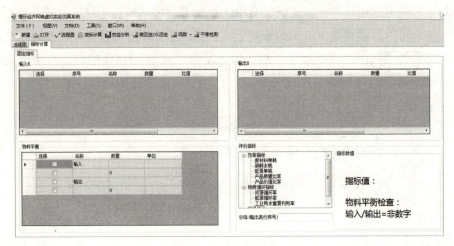

图7-5　指标分析区

7.1.3　效益分析优化功能

系统提供对多种方案的比较分析,以图形化形式展示方案的优化结果。用户通过系统对初始方案的效益分析结果,对方案参数进行适当的调整优化后,形成若干新的方案,对生产过程进行指导,从而达到优化生产的目的。见图7-6。

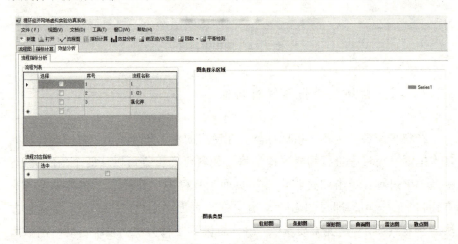

图7-6　效益分析区

7.2　系统模型的应用——以氯化钾生产为例

中信国安钾肥生产链是我国钾肥的供应的重要来源，依据原料含钾资源的不同，氯化钾的生产方法主要分为两大类：一类是从固体钾盐矿中提取；另一类是从含钾卤水中加工提取。后者又分为两种类型，一种是氯化物型含钾盐湖卤水；另一种是海水。由于中信国安位靠青海盐湖，因此采用以盐湖卤水为主原料的生产工艺，然而受自然条件和技术水平的限制，存在着综合利用率低、环境破坏及盐湖原料浪费的情况。这些情况不利于盐湖化工企业的可持续循环发展，同时制约着青海地区的经济进步。在国家倡导建设"美丽中国"的时代背景下，响应循环经济、绿色发展的号召，为探索该厂钾肥生产，促进钾肥生产循环化，本文应用循环仿真系统对氯化钾生产过程进行仿真。该厂现应用冷分解—浮选法工艺法，该工艺稳定，过程简单，所以在我国青海察尔汗地区还有很多厂家采用此法。工艺过程见图 7 – 7。

应用该系统对氯化钾进行仿真建模，过程如下：

①建立氯化钾过程图，通过拖动左侧的建模工具绘制过程图。如图 7 – 8 所示。

在绘制过程图时，系统可以实现对工序框和连线位置、大小的改变，也可以右击选择性的删除图元。自主建模方式给用户提供灵活、自由的想象力发挥场所。用户为方便观察过程图，可以在遵循物流流向的原则下，自主调节工序框的位置，建立便捷又不失真的模拟图。当模型建立后，单击菜单"保存"命令按钮，对所建立的模型进行保存。对已经建好过程中的线条进行定义，未被定义的线条会提示为红色。如图 7 – 9 ~ 图 7 – 10 所示。

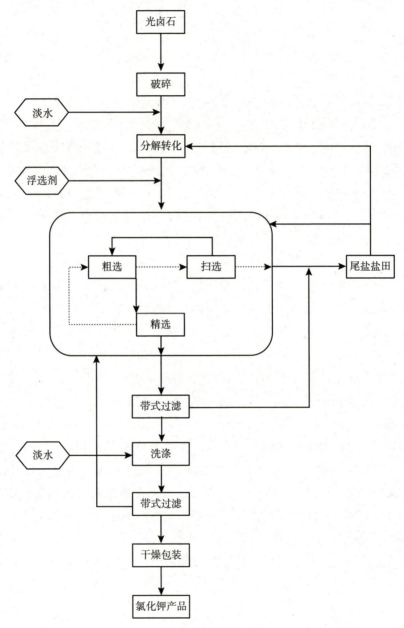

图 7-7 氯化钾生产过程

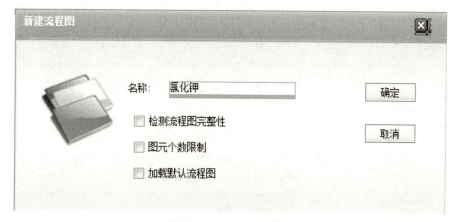

图 7 - 8　新建氯化钾选框

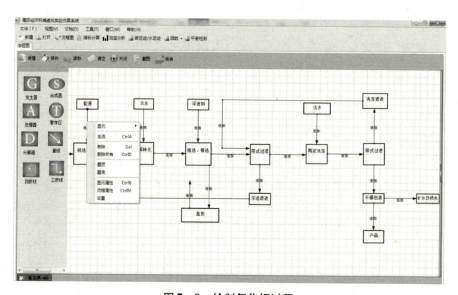

图 7 - 9　绘制氯化钾过程

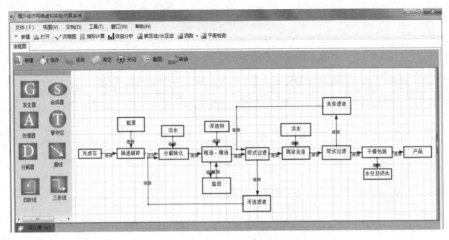

图 7 - 10　定义过程图属性

　　完成过程图的绘制，最重要的工作是对过程图进行设置，即过程图定义功能。右击目标图元，点击设置，按照该图元所代表的物料属性，选项有：产品产出、原料投入、资源投入、环境排放、可回收利用物，每个选项下有序号、数量、单位、主料/辅料、C足迹/水足迹等信息录入功能选项。

　　用户可继续对红色线条进行定义，线条可定义为原料投入、产品产出、能源投入环境排放、中间循环五类，其中能源投入出可直接选择投入的能源，定义窗口如图 7 - 11 所示。

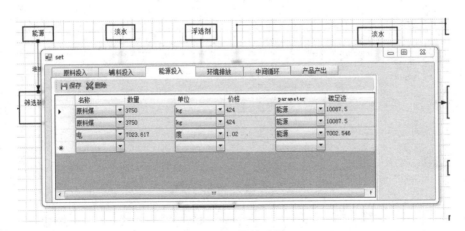

图 7 - 11　属性设置

②过程图转化。待过程图中图元全部设置完成后，点击界面"转换"按钮，运用关联表方式创建其逻辑有向图并自动生成正确的过程网有向图，如图 7 – 12 所示。

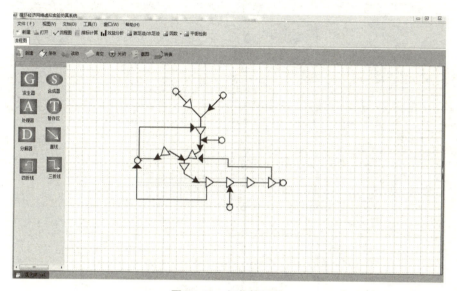

图 7 – 12　氯化钾网络

系统根据数据设置，转换成用不同颜色表示不同物料属性，不同粗细程度的连接线表示物料量大小的过程直观图，转换图具有直观、易于理解、便于分析复杂系统能流物流关系的作用。过程定义完毕，保存后将图转化成更加形象直接的过程图，根据线条的不同属性，转化为不同的颜色，如图 7 – 13 所示。

点击功能区域 2 中的平衡检测，或者点击指标计算按钮，弹出窗口的右下角会直接显示出物料平衡的相关数据。在界面的右下角框内可对过程进行循环经济的指标计算，指标主要包括三类：效率指标、物质循环指标以及环境指标，点击需要进行计算的指标即可得出结果。如图 7 – 14 所示。

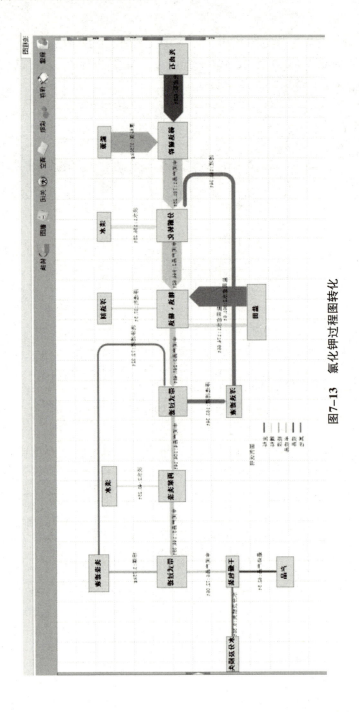

图7-13 氯化钾过程图转化

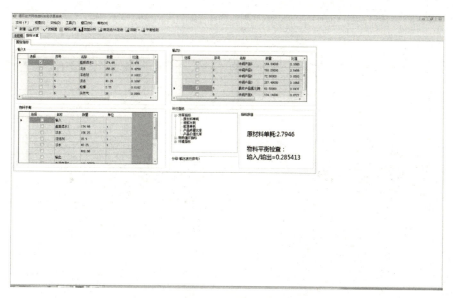

图7－14　物料平衡核算、特征指标计算

③对指标进行效益分析。分析过程中可以选择某一过程的不同阶段不同指标进行对比（见图7－15系列）。

如下是同一过程不同阶段的比较，系统中有六种图形，图7－15（1）是柱形图。

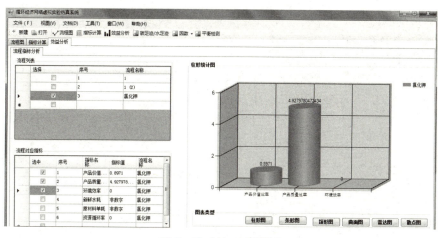

图7－15（1）　柱形图

图 7 – 15（2）为同一过程不同阶段对比的条形图。

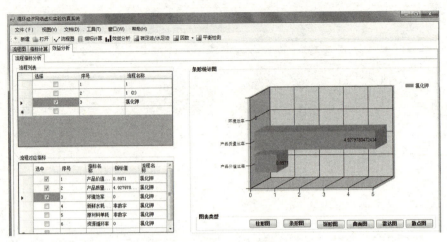

图 7 – 15（2） 条形图

图 7 – 15（3）为同一过程不同阶段对比的饼形图。

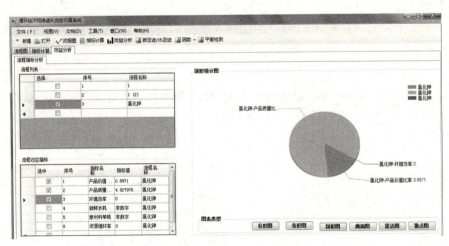

图 7 – 15（3） 饼形图

图 7 – 15（4）为同一过程不同阶段对比的曲面图。

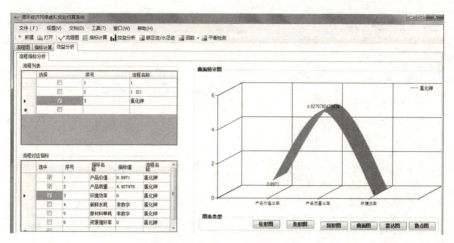

图 7 – 15（4）　　曲面图

图 7 – 15（5）为同一过程不同阶段对比的雷达图。

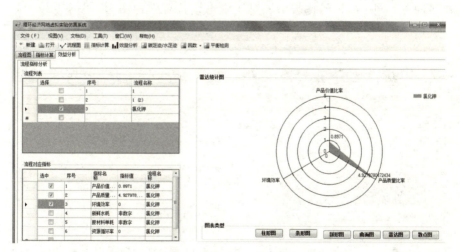

图 7 – 15（5）　　雷达图

图 7 – 15（6）为同一过程不同阶段对比的散点图。

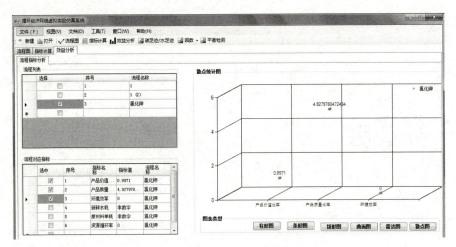

图7-15（6） 散点图

同时，系统也可以对不同过程的指标进行比较（图7-16系列），如下是不同过程同一指标的比较，该对比中也设置有六种图形，图7-16（1）是柱形图。

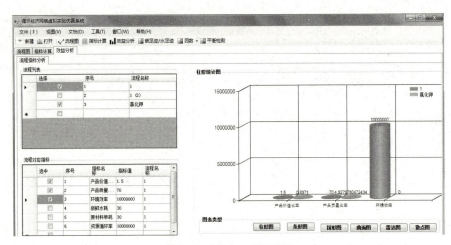

图7-16（1） 柱形图

图7-16（2）为不同过程间同一指标对比的条形图，不同过程指标用不同的颜色标识。

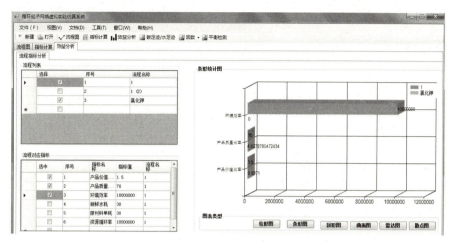

图 7 – 16（2）　条形图

图 7 – 16（3）为同一过程不同阶段对比的饼形图，饼形图中每种指标标注为不同的颜色，每个饼图最多可对比两对指标。

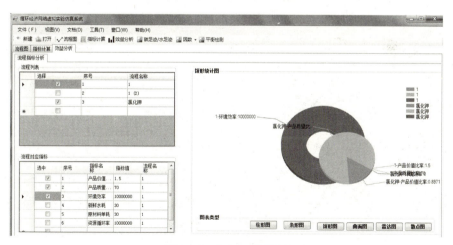

图 7 – 16（3）　饼形图

图 7 – 16（4）为同一过程不同阶段对比的曲面图，在数据相差较大时，系统图形采用近似处理，如下所示，过程的指标数值相差较大，故较小的数值所形成的平面基本趋于平行于地面的一个曲面。

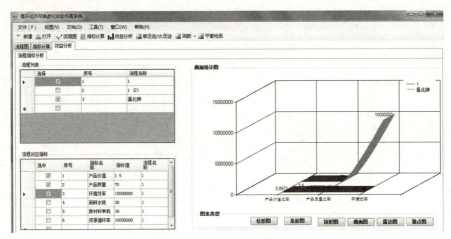

图 7 – 16（4） 曲面图

图 7 – 16（5）为同一过程不同阶段对比的雷达图。

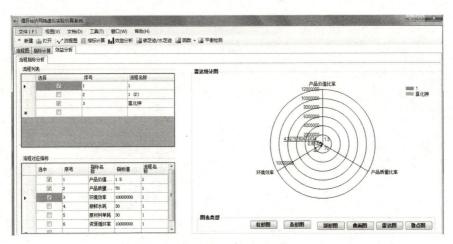

图 7 – 16（5） 雷达图

图 7 – 16（6）为同一过程不同阶段对比的散点图。

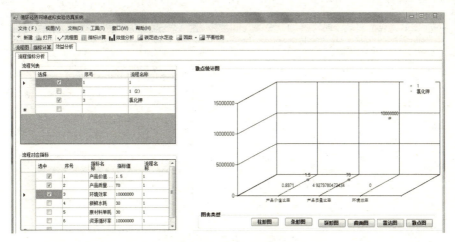

图 7 – 16（6） 散点图

④仿真结果分析。从转化过程图可容易得出，目前该厂氯化钾生产过程中，主原料光卤石与中间产品为物质消耗的主要比重，盐田卤水消耗量占比也较大；产品产出量与主原料光卤石耗量差距悬殊，水分及损失较少，洗涤滤液与浮选滤液循环使用效果较好。从指标计算结果角度来看，六种统计图均显示，环境指标较高，说明改厂在环境排放方面应做相应改善。物料平衡计算结果显示该厂氯化钾生产未达到物料平衡，说明目前物料配比未达到最佳配比，有待改进。

第 8 章

结　　论

本书主要从静态物质流分析、动态物质流分析以及 Petri 网建模仿真的角度进行理论分析，并构建了资源循环仿真系统，对物质流进行分析评价，主要目的是对现有生产过程进行改进，提高生产效率，提高资源利用率。

所建静态物质流分析模型主要针对资源循环型生产过程的现阶段的状态进行分析。在循环经济 3R 原则及国内外相关研究基础上，建立系统总体指标评价体系和系统衡量指标评价体系，对模型进行量化，从而更好地去衡量企业在生产过程中资源环境的使用消耗情况。

所建动态模型主要针对物质流随时间的变化情况进行分析。从物质流的经济效益和环境效益方向入手，引入反馈原理，以主反馈机制为基础，对物质流进行动态分析，把系统输出端反馈到输入端，更好地了解企业内部生产过程中的物质流动情况，分析企业生产与经济、环境的关系，识别企业生产资源循环型过程中资源使用不合理的关键点。

针对静态物质流和动态物质流分析存在的不足，本书提出了结合 Petri 网进行建模。借助 Petri 网，本书给出了适合资源循环型成产过程的物质流分析的建模方法，并且使用混杂 Petri 网和时间 Petri 网进行分别建模解决不同的问题。并将提出的方法应用于盐湖化工企业的生产过程，进行物质流分析建模与仿真研究。通过静态模型进行分析，进一步利用反馈动态模型进行问题探究，通过将动态模型逐步形式化为 Petri 网模型，可以对资源循环型生产过程的物质流动特点进行动态模拟，得到大量物质流利用情况的仿真数据和减量化的方法与效果，为生产过程的物质流动情况进行可视化描述与量化分析。将这些仿真数据进行提取和计算，以指标的形式侧面反映生产过程中物质流对象的特性，可以实现对生产过程不同阶段物质流状态的评估。

通过本文的理论分析与应用研究，可以得出以下结论：

①针对资源循环型生产过程的特点，给出了一种实现资源循环型生产过程物质流可视化与量化分析方法。该方法能够清晰地描述生产过程中各单元的物质输入输出情况、整个过程的物质流向、物质的使用强度以及废弃物排放情况。在此基础上，构建物质流评价指标，以识别生产过程对环境造成影响的关键点。

②引入反馈的动态 SFA 模型，清晰体现了生产过程中物质在各节点的流动情况对产品产出的影响，识别出对产品生产影响较大的点，使企业在资源一定的情况下，通过流量控制，改善生产，减小对环境的压力，提高资源利用率，增加经济效益。

③提出了一种基于混杂 Petri 网的资源循环型生产过程物质循环过程形式化建模方法。物质流分析模型虽然能从多角度对生产过程中的物耗以及污染物排放状况进行整体把握，但是这种建模方法只是静态分析方法，不能对物质流的动态行为进行精准表示，很难对建立模型的正确性进行检验。针对此提出的基于混杂 Petri 网的资源循环型企业物质流建模方法以企业生产过程的物质流为主线，给出了能够进行物质流分析的 Petri 网的定义，用于明确描述资源循环型生产过程中的物质流去向以及伴随生产过程具有的连续特性与离散状态；建立了资源循环型生产过程物质流混杂 Petri 网模型，达到了对资源循环型生产过程物耗以及污染物排放的动态特性进行分析的目的。

④基于时间 Petri 网对向连续投入的循环物质流系统进行建模，以实现系统减量化投入为主要目标，重点研究了物料投入时间戳和投入量问题，通过模型仿真计算，优化了系统投入方案，大幅提高了减量化效率，并通过实证验证了模型的合理性和可行性。

⑤以物料属性和过程工序特征分析基础，构建了一种资源循环仿真系统。该系统针对不同类型生产过程，仅需要用户通过构建生产单元，设置单元属性与数据，就可以清晰为不同的生产过程形象描述各单元的物质输入输出特征，总体过程的物料属性、物质消耗数量、用料数量形象对比，在此基础上，自定义计算指标，进行碳排放、水足迹、物质消耗率、资源循环率与环境效率，以考核生产过程中存在的物料可循环性、数据可优化性、废弃物

排放可节省性等。同时，资源循环仿真可以为用户提供多个方案实时对比功能，通过优化前后方案的实时对比，用户可根据实际需求，调整过程数据，为最优方案的提出提供了便捷。

在研究相对通用的资源循环型生产过程物质循环仿真建模方法的基础上，结合盐湖化工生产过程独有的特点，有针对性地进行模型应用，不仅是对所提出建模方法的一种有效验证，而且也从一定程度上弥补了相关研究在这一行业领域的不足，为此类资源循环型生产过程仿真等相关研究提供了借鉴。

如今，越来越多的研究学者以及各级政府部门对推动两高（高消耗、高排放）企业的循环经济发展有着极高的关注度，并相继提出了许多强化措施；资源循环型企业的环保意识越来越强，对进行自身循环经济建设的态度也越来越积极，这为促进企业层面循环经济发展，乃至全国循环经济发展提供了良好的环境。本书的理论在资源循环型生产过程建模与仿真、循环经济进行量化评估、实现信息化过程中起着重要的理论支撑作用，但是也必然存在众多的研究内容，需要进行不断丰富和改进，本书仅仅是对其中很小一部分重要内容的有限探索，更多内容有待进一步完善。

参 考 文 献

［1］戴铁军. 企业内部及企业之间物质循环的研究 ［D］. 沈阳：东北大学，2006.

［2］瞿泓滢. 中国金矿资源开发中的生态包袱 ［D］. 中国地质大学（北京），2007.

［3］Moriguchi Y. Material flow indicators to measure progress toward a sound material-cycle society ［J］. Journal of Material Cycles and Waste Management，2007，9（2）：112 - 120.

［4］刘滨，王苏亮，吴宗鑫. 试论以物质流分析方法为基础建立我国循环经济指标体系 ［J］. 中国人口. 资源与环境，2005，15（4）：32 - 36.

［5］陈效述，赵婷婷等. 中国经济系统的物质输入与输出分析 ［J］. 北京大学学报（自然科学版），2003，07（4）：538 - 547.

［6］Eurostat. Economy-wide material flow accounts and derived indicators ［M］. A methodological guide，Statistical Office of the European Union，Luxembourg，2001.

［7］Korhonen J，Wihersaari M，Savolainen I. Industrial ecosystem in the Finnish forest industry：using the material and energy flow model of a forest ecosystem in a forest industry system ［J］. Ecological Economics，2001，39（1）：145 - 161.

［8］Bringezu S，Schütz H，Moll S. Rationale for and interpretation of economy-wide materials flow analysis and derived indicators ［J］. Journal of Industrial Ecology，2003，7（2）：43 - 64.

［9］Binder C R，Hofer C，Wiek A，et al. Transition towards improved regional wood flows by integrating material flux analysis and agent analysis：the case of Appenzell Ausserrhoden, Switzerland [J]. Ecological Economics, 2004, 49 (1): 1 – 17.

[10] Igarashi Y, Daigo I, Matsuno Y, et al. Dynamic Material Flow Analysis for Stainless Steels in Japan and CO ~ 2 Emissions Reduction Potential by Promotion of Closed Loop Recycling [J]. Tetsu-to – Hagane (Journal of the Iron and Steel Institute of Japan), 2005, 91 (12): 903 – 909.

[11] 陶在朴. 生态包袱与生态足迹: 可持续发展的重量及面积观念 [M]. 经济科学出版社, 2003.

[12] Weisz H, Krausmann F, Amann C, et al. The physical economy of the European Union: Cross-country comparison and determinants of material consumption [J]. Ecological Economics, 2006, 58 (4): 676 – 698.

[13] Takiguchi H, Takemoto K. Japanese 3R policies based on material flow analysis [J]. Journal of Industrial Ecology, 2008, 12 (5 – 6): 792 – 798.

[14] Loebenstein J R. The materials flow of arsenic in the United States [M]. United States Department of the Interior, Bureau of Mines, 1994.

[15] Hansen E. Experience with the use of substance flow analysis in Denmark [J]. Journal of Industrial Ecology, 2002, 6 (3 – 4): 201 – 219.

[16] Mukherjee A B, Zevenhoven R, Brodersen J, et al. Mercury in waste in the European Union: sources, disposal methods and risks [J]. Resources, Conservation and Recycling, 2004, 42 (2): 155 – 182.

[17] Tasaki T, Takasuga T, Osako M, et al. Substance flow analysis of brominated flame retardants and related compounds in waste TV sets in Japan [J]. Waste Management, 2004, 24 (6): 571 – 580.

[18] Nakamura S, Nakajima K, Kondo Y, et al. The Waste Input – Output Approach to Materials Flow Analysis [J]. Journal of Industrial Ecology, 2007, 11 (4): 50 – 63.

[19] Joseph K, Nithya N. Material flows in the life cycle of leather [J]. Journal of Cleaner Production, 2009, 17 (7): 676 – 682.

[20] 陈效逑, 乔立佳. 中国经济—环境系统的物质流分析 [J]. 自然资源学报, 2000, 15 (1): 17 – 23.

［21］李刚. 基于可持续发展的国家物质流分析 ［J］. 中国工业经济，2004，11（11）：11 - 18.

［22］李刚. 中国对外贸易生态环境代价的物质流分析 ［J］. 统计研究，2005，09：60 - 64.

［23］李刚，张彦伟，孙丰云. 中国环境经济系统的物质需求量研究［J］. 中国软科学，2005，11：39 - 45.

［24］刘敬智，王青，顾晓薇，等. 中国经济的直接物质投入与物质减量分析 ［J］. 资源科学，2005，27（1）：46 - 51.

［25］徐明，张天柱. 中国经济系统中化石燃料的物质流分析 ［J］. 清华大学学报（自然科学版），2004，44（9）：1166 - 1170.

［26］徐明，张天柱. 中国经济系统的物质投入分析 ［J］. 中国环境科学，2005，25（3）：324 - 328.

［27］王亚菲. 经济系统可持续总量平衡核算——基于物质流核算的视角 ［J］. 统计研究，2010，27（006）：56 - 62.

［28］孔鹏志. 我国经济系统的物质流核算与循环结构研究 ［D］. 上海交通大学，2011.

［29］郭学益，宋瑜，王勇. 我国铜资源物质流分析研究 ［J］. 自然资源学报，2008，23（4）：665 - 673.

［30］郭学益，钟菊芽，宋瑜等. 我国铅物质流分析研究 ［J］. 北京工业大学学报，2009，35（11）：1554 - 1561.

［31］Weiqiang C，Lei S，Yi Q. Substance flow analysis of aluminium in mainland China for 2001，2004 and 2007：Exploring its initial sources，eventual sinks and the pathways linking them ［J］. Resources，conservation and recycling，2010，54（9）：557 - 570.

［32］Lindqvist A，von Malmborg F. What can we learn from local substance flow analyses？The review of cadmium flows in Swedish municipalities ［J］. Journal of Cleaner Production，2004，12（8）：909 - 918.

［33］徐一剑，张天柱，石磊，陈吉宁. 贵阳市物质流分析 ［J］. 清华大学学报（自然科学版），2004，12：1688 - 1691，1699.

［34］张思锋，雷娟. 基于MFA方法的陕西省物质减量化分析 ［J］. 资

源科学，2006，04：145－150.

［35］单永娟. 北京地区经济系统物质流分析的应用研究［D］. 北京：北京林业大学，2007.

［36］姚星期. 基于物质流核算的浙江省循环经济研究［D］. 北京：北京林业大学，2009.

［37］李刚，王蓉，马海锋，刘晓霞. 江苏省物质流核算及其统计指标分析［J］. 统计与决策，2011，06：99－102.

［38］Davis J，Geyer R，Ley J，et al. Time-dependent material flow analysis of iron and steel in the UK：Part 2. Scrap generation and recycling［J］. Resources，conservation and recycling，2007，51（1）：118－140.

［39］Richard－Elsner C，Glasmacher－Remberg C. Modeling of main material and energy flows of a chemicals company and LCA of products thereof［J］. Computer Aided Chemical Engineering，2007，24：1193－1198.

［40］Rodríguez M T，Andrade L C，Bugallo P M，et al. Combining LCT tools for the optimization of an industrial process：Material and energy flow analysis and best available techniques［J］. Journal of hazardous materials，2011，192（3）：1705－1719.

［41］Herva M，Álvarez A，Roca E. Combined application of energy and material flow analysis and ecological footprint for the environmental evaluation of a tailoring factory［J］. Journal of hazardous materials，2012，237－238：231－239.

［42］姜文英. 典型铅锌冶炼企业循环经济建设的物质流分析［D］. 中南大学，2007.

［43］李娜，胡聃，王建中，等. 中国典型啤酒企业的物质代谢研究［J］. 现代农业科技，2008，7：149.

［44］曹红葵，赵偶. 水泥企业的物质流分析［J］. 江苏建材，2008（4）：67－69.

［45］王军，刘西林，肖芬. 煤炭企业物质流分析的实证研究［J］. 现代制造工程，2009（11）：21－24.

［46］刘雷. 企业层面有机化工循环经济产业链网构建和稳定性研究

[D]. 山东大学, 2009.

[47] 卢伟. 废弃物循环利用系统物质代谢分析模型及其应用 [D]. 清华大学, 2010.

[48] 丁平刚, 田良. 水泥企业物质流分析 [J]. 环境与可持续发展, 2011, 2: 36 – 39.

[49] 智静, 傅泽强, 陈燕. 宁东能源（煤）化工基地物质流分析 [J]. 干旱区资源与环境, 2012, 26 (9): 137 – 142.

[50] 周继程, 赵军, 张春霞, 等. 炼铁系统物质流与能量流分析 [J]. 中国冶金, 2012, 22 (3): 42 – 47.

[51] 邱诚, 孙维义, 丁桑岚, 等. 软锰矿浆烟气脱硫制取电解锰新工艺的物质流分析 [J]. 环境保护与循环经济, 2012, 3: 36 – 39.

[52] 李士金. 同煤集团发展循环经济的运行模式研究 [D]. 辽宁工程技术大学, 2010.

[53] 秦苏涛, 徐立中. 基于多 Agent 的虚拟生态工业园区的建模与仿真 [J]. 系统仿真学报, 2007, 19 (12): 2844 – 2848.

[54] 荆平. 循环经济模拟仿真系统设计与开发 [M]. 科学出版社, 2009.

[55] 李丽. 区域循环经济系统的动力学仿真研究 [D]. 成都: 四川大学, 2007.

[56] 闫博华. 义煤集团循环经济评价与仿真研究 [J]. 西北工业大学学报, 2007, 4: 20 – 34.

[57] 白露. 循环经济发展阶段仿真研究 [D]. 西安: 西北大学, 2007.

[58] 赵妍, 田强等. 城市生态工业系统模拟、优化调控方法研究 [J]. 生态环境学报, 2010, 19 (6): 1416 – 1421.

[59] 贾伟强, 谢奉军. 资源型产业集群循环经济模式建模与反馈仿真分析——以永修星火高新技术开发区为例 [J]. 科技进步与对策, 2012, 29 (13): 56 – 60.

[60] 范帅, 李伯虎, 柴旭东, 等. 复杂系统中定性定量集成建模技术研究 [J]. 系统仿真学报, 2011, 23 (10): 2227 – 2233.

［61］Nebot Angela, Cellier François E. , Vallverdú Montserrat. Mixed quantitative/qualitative modeling and simulation of the cardiovascular system ［J］. Computer Methods and Programs in Biomedicine, 1998, 55（02）: 127 –155.

［62］Ghorbanzad'E Mehdi, Fatemi Mohammad H. , Andersson Patrik L. . Quantitative and qualitative prediction of corneal permeability for drug-like compounds ［J］. Talanta, 2011, 85（05）: 2686 –2694.

［63］Loftin, James. Conceptual modeling for force protection applications ［C］. Proceedings of the 2010 Huntsville Simulation Multiconference, 2010, 126 – 129.

［64］Benderius Ola, Markkula Gustav, Wolff Krister, et al. A simulation environment for analysis and optimization of driver models ［J］. Lecture Notes in Computer Science, 2011, 6777: 453 –462.

［65］唐梦. 资源循环型企业生产过程的 Arena 仿真与优化研究 ［D］. 成都理工大学, 2012.

［66］李爱平, 徐辰杰, 鲁力, 等. 基于参数化模型的生产线协同仿真与应用 ［J］. 制造技术与机床, 2014, 02: 53 –57.

［67］李伯虎, 柴旭东, 侯宝存, 等. 一种基于云计算理念的网络化建模与仿真平台——"云仿真平台"［J］. 系统仿真学报, 2009, 21（17）: 5292 –5300.

［68］Koushal Sandya, Johri Rahul. Cloud simulation environment and application load monitoring ［C］. Proceedings – 2013 International Conference on Machine Intelligence Research and Advancement, 2014,（08）: 554 –558.

［69］Umberto Arena, Fabrizio Di Gregorio. A waste management planning based on substance flow analysis ［J］. Resources, Conservation and Recycling, 2014, 85（04）: 54 –66.

［70］N. Mills, P. Pearce, J. Farrow, et al. Environmental & economic life cycle assessment of current & future sewage sludge to energy technologies ［J］. Waste Management. 2014, 34,（01）: 185 –195.

［71］Bao-guo Tian, Ji-tao Si, Yan Zhao, et al. Approach of technical decision-making by element flow analysis and Monte – Carlo simulation of municipal solid waste stream [J]. Journal of Environmental Sciences. 2007, 19 (5): 633 – 640.

[72] Chu – Long Huang, Jonathan Vause, Hwong – Wen Ma, et al. Substance flow analysis for nickel in mainland China in 2009 [J]. Journal of Cleaner Production, 2014. 84 (12): 450 – 458.

[73] Zhang J, Lu K, Liu G. Multi – Criteria Decision Making Methods for Enterprise Energy Planning under the Constraint of Carbon Emissions [J]. Advanced Materials Research. 2014, 962: 1690 – 1696.

[74] Lee Sora, Han Woori, Park Yongtae. Measuring the functional dynamics of product-service system: A system dynamics approach [J]. Computers and Industrial Engineering, 2014, 80 (01): 159 – 170.

[75] Beran Ivona Milic, Muntic Ante, Colovic Zorica Kizelj. System dynamics modelling and simulation of the moral capital influence on the economy growth in the Republic of Croatia [C]. European Simulation and Modelling Conference. 2013, 10: 41 – 45.

[76] Jaii R, Chopra N, Balachandran, et al. Simultaneous localization and mapping with consideration of robot system dynamics [J]. The International Society for Optical Engineering. 2012, 8345: 1667 – 1678.

[77] D. M. Revitt, L. Lundy, E. Eriksson, et al. Comparison of pollutant emission control strategies for cadmium and mercury in urban water systems using substance flow analysis [J]. Journal of Environmental Management. 2013, 116 (02): Pages 172 – 180.

[78] Kyounghoon Cha, Minjung Son, et al. Substance flow analysis of cadmium in Korea [J]. Resources, Conservation and Recycling, 2013, 71 (02): 31 – 39.

[79] Mohan Yellishetty, Gavin M. Mudd. Substance flow analysis of steel and long term sustainability of iron ore resources in Australia, Brazil, China and India [J]. Journal of Cleaner Production. 2014, 84 (12): 400 – 410.

[80] Lu Bai, Qi Qiao, Yanping Li, et al. Statistical entropy analysis of substance flows in a lead smelting process [J]. Resources, Conservation and Re-

cycling, 2015, 94 (01): 118 – 128.

[81] Nathalie Chèvre, Sylvain Coutu, Jonas Margot, et al. Substance flow analysis as a tool for mitigating the impact of pharmaceuticals on the aquatic system [J]. Water Research. 2013, 47 (06): 2995 – 3005.

[82] Davide Tonini, Gianluca Dorini, Thomas Fruergaard Astrup. Bioenergy, material, and nutrients recovery from household waste: Advanced material, substance, energy, and cost flow analysis of a waste refinery process [J]. Applied Energy. 2014, 121 (05): 64 – 78.

[83] Masahiro Oguchi, Hirofumi Sakanakura, Atsushi Terazono. Toxic metals in WEEE: Characterization and substance flow analysis in waste treatment processes [J]. Science of The Total Environment. 2013, 463 – 464 (11): 1124 – 1132.

[84] Habuer, Jun Nakatani, Yuichi Moriguchi. Time-series product and substance flow analyses of end-of-life electrical and electronic equipment in China [J]. Waste Management. 2014, 34 (02): 489 – 497.

[85] 王琳, 齐中英, 潘峰. 基于动态物质流的钢沉淀运动规律分析 [J]. 中国人口·资源与环境, 2014, 24 (12): 164 – 170.

[86] 李金平, 戴铁军. 钢铁工业物质流与价值流动态耦合协调发展研究 [J]. 工业技术经济, 2014 (02): 118 – 123.

[87] 孙莹, 耿心怡, 汪鹏. 中国钢铁资源与生产过程结构的长期预测——基于动态物质流与 ARIMA – Logistic 组合模型 [J]. 资源科学, 2014, 36 (3): 632 – 640.

[88] 张辉, 李会泉, 陈波等. 基于碳物质流分析的钢铁企业碳排放分析方法与案例 [J]. 钢铁 2013, 48 (2): 86 – 92.

[89] 黄宁宁. 中国汽车行业钢铁动态物质流代谢研究 [D]. 北京: 清华大学, 2012.

[90] 刘文志, 唐伟强. 基于 petri 网的包子生产线模型建立与仿真分析 [J]. 食品工业, 2011 (02): 77 – 79.

[91] 赵亮, 张茜, 王莹. 基于系统动力学的电子商务第三方物流研究 [J]. 技术与方法, 2013, 32 (05): 319 – 322.

［92］曹德彧，郑先勇，董延军．在线过程建模与多目标优化在粗苯回收上的应用［J］．广州化工．2013，41（15）：226，228－229.

［93］赵涛，赵双记，林涛．基于社会效应角度的元素流动态管理研究［J］．科学技术与工程，2012，12（13）：3174－3179.

［94］高挺．基于物质流分析的河北省循环经济发展评价研究［D］．河北大学，2014.

［95］陈波，杨建新，石垚．城市物质流分析框架及其指标体系构建［J］．生态学报，2010，30（22）：6289－6296.

［96］石磊，娄俞．城市物质流分析框架及测算方法［J］．环境科学研究．2008，21（04）：196－200.

［97］马红霞．物质流分析与动态管理模型研究［D］．江苏：东南大学，2006.

［98］陈瀛，张健，王楠．盐湖化工企业生产系统的物质流模型研究——以镁盐深加工生产系统为例［J］．工业工程与管理，2013，18（03）：127－133.

［99］C'HEN Yin, ZHANG Jian. Materials Flow Model of the Chemical Production System in Salt Lake ——a Study of Magnesium Salt Deep Processing Production Systems［J］. industrial Engineering and Management, 2013, (6): 127－133.

［100］孔祥东．工业气流床水煤浆气化炉的建模、控制与优化研究［D］．华东理工大学，2014.

［101］Sanchez Sesma Jorge, Aguirre Jorge1, Sen Mihir. Simple modeling procedure for estimation of cyclonic wind speeds［J］. Journal of Structural Engineering（United States），1988，114（2）：352－370.

［102］Broomfield, J. P. The application of simple modeling techniques to corrosion induced deterioration of reinforced concrete［C］. Concrc－Proceedings of Concrete Solutions, 4th International Conference on Concrete Repair, 2012, 527－533.

［103］John Dinesh, Staudenmayer John, Freedson Patty. Simple to complex modeling of breathing volume using a motion sensor［J］. Science of the Total

Environment, 2013, 454–455 (1): 184–188.

［104］张霖, 张雪松, 宋晓, 等. 面向复杂系统仿真的模型工程 ［J］. 系统仿真学报, 2013, 25 (11): 2729–2736.

［105］Mangold, Lee V, Beauchat Tracey, Marshall Henry. Automating the complex Modeling and Simulation Information Assurance process ［C］. Fall Simulation Interoperability Workshop 2012, 2012 Fall SIW, 2012 (09): 131–136.

［106］Shimamura Tetsuya, Takahashi Shinichi. Complex modeling of real system based on positive frequency range ［C］. Proceedings – IEEE International Symposium on Circuits and Systems, 1988, 2: 1345–1348.

［107］陶俊. 基于分布式智能体的复杂系统建模与仿真 ［D］. 南京理工大学, 2011.

［108］高利杰. 配送中心模块化仿真建模方法研究 ［D］. 北京邮电大学, 2011.

［109］宋利伟. 复杂模块化产品系统建模与演化的关键技术研究 ［D］. 浙江大学, 2012.

［110］滕晓燕. 复杂产品系统的模块划分方法研究 ［D］. 哈尔滨工程大学, 2011.

［111］刘曦泽. 面向复杂机电产品的模块化产品平台涉及方法学研究 ［D］. 浙江大学, 2012.

［112］Chen Yang, Cai Guobiao, Wu Zhe. Modularization modeling and simulation of turbine test rig main test system ［J］. Applied Mathematical Modelling, 2011, 35 (11): 5382–5399.

［113］D'Aquin Mathieu, Schlicht Anne, Stuckenschmidt Heiner, et al. Criteria and evaluation for ontology modularization techniques ［J］. Lecture Notes in Computer Science, 2009, 5445 LNCS: 67–89.

［114］Liu Ling. The exploration of recycling of industrial products based on modularization ［J］. Advanced Materials Research, 2012, 542–543: 261–266.

［115］Al–Otaiby Turky N., Bond Walter P., Alsherif Mohsen. Sotware modularization using requirements attributes ［C］. Proceedings of the Annual

Southeast Conference，2004，104－109.

[116] 刘宁. 烟丝生产过程的建模仿真与优化 [D]. 华中科技大学，2007.

[117] 张永阳. 基于 Petri 网的制造型企业生产过程实体建模方法研究 [D]. 重庆大学，2009.

[118] 袁锋. 基于资源优化的制造过程建模与仿真研究 [D]. 东北大学，2006.

[119] 王振伟. 制造过程建模与仿真方法的研究 [D]. 电子科技大学，2005.

[120] 党春阁，周长波，吴昊等. 重金属元素物质流分析方法及案例分析 [J]. 环境工程技术学报，2014，04（04）：341－342.

[121] 陆钟武. 物质流分析的跟踪观察法 [J]. 中国工程科学，2006，8（1）：18－25.

[122] Zhang H，Dong L，Li H，et al. Investigation of the residual heat recovery and carbon emission mitigation potential in a Chinese steelmaking plant：A hybrid material/energy flow analysis case study [J]. Sustainable Energy Technologies and Assessments，2013，2：67－80.

[123] 周一虹，芦海燕，陈润羊. 企业生态效率指标的应用与评价研究——以宝钢，中国石油和英国 BP 公司为例 [J]. 兰州商学院学报，2011，27（1）：112－121.

[124] 郑绵平，卜令忠. 盐湖资源的合理开发与综合利用 [J]. 矿产保护与利用，2009，2（1）：17－22.

[125] 戴铁军，程会强. 我国工业用水量分析与节水措施 [J]. 工业水处理，2008，28（10）：9－12.

[126] 胡寿松. 自动控制原理 [M]. 北京：科学出版社，2003.

[127] 郑君里，应启珩，杨为理. 信号与系统. 北京：高等教育出版社，2011：273－308.

[128] 范海亮. 氯碱化工生态工业园区的 CL 元素流分析与管理研究 [D]. 天津：天津大学，2010.

[129] 罗宏，孟伟，冉圣宏. 生态工业园区——理论与实证 [M]. 北

京：化学工业出版社，2004：321－350.

[130] 陈杰，等. MATLAB 宝典 [M]. 北京：电子工业出版社，2010：620－706.

[131] 王华，李有军，刘建存. MATLAB 电子仿真与应用教程 [M]. 北京：国防工业出版社，2010：107－142.

[132] 刘卫国. MATLAB 程序设计与应用 [M]. 北京：高等教育出版社，2010：251－278.

[133] 戴毅茹，王坚. 多耦合混杂过程工业过程可重构建模方法 [J]. 计算机集成制造系统，2011，11：2457－2466.

[134] 马福民，王坚. 面向企业能源消耗过程的模糊 Petri 网模型研究 [J]. 计算机集成制造系统，2007，13 (9)：1679－1685.

[135] 赵斐，祝军，乔非等. 钢铁企业工序能耗模型及其到混杂 Petri 网的转换 [J]. 系统工程，2010，28 (6)：70－75.

[136] 赵斐，祝军，乔非等. 混杂 Petri 网在企业能源系统建模中的应用 [J]. 工业工程与管理，2011，16 (1)：108－113，129.

[137] 张悦，王坚. 连续型企业生产过程能源预测模型及其仿真 [J]. 计算机集成制造系统，2011，17 (7)：1526－1533.

[138] 张悦，王坚. 企业生产与能耗过程模型及其仿真连续 Petri 网方法 [J]. 计算机集成制造系统，2011，17 (12)：2714－2722.

[139] Zhang Yue, Wang Jian. Model and simulation of enterprises production and process based on continuous Petri energy consumption net [J]. Computer Integrated Manufacturing Systems, 2011 (12)：2714－2722.

[140] 李先广，李聪波，刘飞等. 基于 Petri 网的机床制造过程碳排放建模与量化方法 [J]. 计算机集成制造系统，2012，18 (12)：2723－2735.

[141] 尹久，曹华军，杜彦斌等. 基于广义模糊 Petri 网的陶瓷生产过程能量碳硫模型 [J]. 系统工程理论与实践，2013，33 (4)：1035－1040.

[142] Wohlgemuth V, Page B, Kreutzer W. Combining discrete event simulation and material flow analysis in a component-based approach to industrial environmental protection [J]. Environmental Modelling & Software, 2006, 21 (11)：1607－1617.

[143] 陈江红，李宏光．基于 Matlab 环境的 Petri 网的仿真方法 ［J］．微计算机信息，2003，19 (12)：103 –104，37．

[144] 张威．Stateflow 逻辑系统建模 ［M］．西安电子科技大学出版社，2007．

[145] 陈江红．基于混合 Petri 网的混杂系统建模及工业应用研究 ［D］．北京化工大学，2004．

[146] 罗义学．基于智能 Petri 网的物流配送路径优化算法 ［J］．计算机工程与设计，2011，07：2381 –2384．

[147] 黄和平，毕军，袁增伟，张炳．基于 MFA 与 AHP 的区域循环经济发展动态评价—以江苏省为例 ［J］．资源科学，2009 (2)：278 –287．

[148] 吴开亚，刘晓薇，张浩．基于物质流分析方法的安徽省环境载荷及其减量化研究 ［J］．资源科学，2011 (4)：789 –795．

[149] 杨雪锋，张卫东．资源减量化、信息替代与经济过程的转变 ［J］．中国工业经济，2005 (4)：5 –12．

[150] 武玉英，何喜军．基于 DEA 方法的北京可持续发展能力评价 ［J］．系统工程理论与实践，2006 (3)：117 –123．

[151] 钱吴永，党耀国，熊萍萍，徐宁．循环经济发展预警模型体系及其应用 ［J］．系统工程理论与实践，2011 (7)：1303 –1311．

[152] 周宾，陈兴鹏，吴士锋．基于 AHP –模糊推理的甘肃省循环经济发展度实证分析 ［J］．系统工程理论与实践，2010 (7)：1200 –1206．

[153] 陈敏鹏，郭宝玲．磷元素物质流分析的研究进展和展望 ［J］．生态学报，2014 (12)：1 –12．

[154] 雷达，陈志华，邓建强．能源化工循环经济中类 Cobb –Douglas 生产函数简化及资源优化分配 ［J］．统工程理论与实践，2014 (3)：683 –690．

[155] 张晓刚，曾辉．从系统到景观：区域物质流分析的另一种取向 ［J］．生态学报，2014 (1)：1 –11．

[156] 曾琳，张天柱．循环经济与节能减排政策对我国环境压力影响的研究 ［J］．清华大学学报，2012 (3)：478 –482．

[157] 张健，陈瀛等．基于循环经济的过程资源循环型企业物质流建

模与仿真［J］. 中国人口·资源与环境，2014，（3）：165 – 174.

［158］霍艳芳，李钢，贾甫，吉敏. 基于 Petrinet 的钢铁企业生态工业园仿真研究［J］. 天津大学学报，2010（1）：1 – 7.

［159］黄宁宁，陈定江. 中国汽车行业钢铁物质流代谢研究［J］. 环境科学与技术，2013（2）：179 – 183.

［160］高昂，张道宏. 基于时间维度的循环经济物质流特征研究［J］. 中国人口·资源与环境，2010（5）：13 – 17.

［161］袁崇义. Petri 网应用［M］. 科学出版社. 2013（2）.

［162］Coman, DanielaIonescu, Adela. Performance Evaluation Of A Flexible Manufacturing System Using Timed Petri Nets. ［J］. Annals of DAAAM & Proceedings. 2009（1）：1815 – 1816.

［163］Andrea Sackmanna, Dorota Formanowiczb, Piotr Formanowicza, Jacek Blazewicza. New insights into the human body iron metabolism analyzed by a Petri net based approach［J］. BioSystems, 2008（12）：104 – 113.

［164］B. Bérard a, F. Cassez b, S. Haddad c, D. Limed d, O. H. Roux d. The expressive power of time Petri nets［J］. Theoretical Computer Science, 2013（1）：1 – 20.

［165］Claudine Chaouiya a, Elisabeth Remy b, Denis Thieffry c. Petri net modelling of biological regulatory networks［J］. Journal of Discrete Algorithms, 2008（6）：165 – 177.

［166］G. Y. Liu, Z. W. Li, Kamel Barkaoui, Abdulrahman M. Al – Ahmari. Robustness of deadlock control for a class of Petri nets with unreliable resources［J］. Information Sciences, 2013（6）：259 – 279.

［167］Hejiao Huang, Hélène Kirchner. Secure interoperation design in multi-domains environments based on colored Petri nets［J］. Information Sciences, 2013（2）：591 – 606.

［168］Jianfeng Zhou. Petri net modeling for the emergency response to chemical accidents［J］. Journal of Loss Prevention in the Process Industries, 2013（7）：766 – 770.

［169］Sanjin Milinkovic, Milan Markovic, Slavko Veskovic, Milos Ivic,

Norbert Pavlovic. A fuzzy Petri net model to estimate train delays [J]. Simulation Modelling Practice and Theory, 2013 (4): 144 – 157.

[170] Thouraya Bouabana – Tebibel, Stuart H. Rubin. An interleaving semantics for UML 2 interactions using Petri nets [J]. Information Sciences, 2013 (5): 276 – 293.

[171] Simonetta Balsamoa, Peter G. Harrisonb, Andrea Marina. Methodological construction of product-form stochastic Petri nets for performance evaluation [J]. The Journal of Systems and Software, 2012 (7): 1520 – 1539.

[172] 汤新民. Petri 网原理及其在民航交通运输工程中的应用 [M]. 中国民航出版社, 2014 (1).